LUC SCHILTZ

LËTZEBUERGESCH SCHWÄTZEN

Einblick in die luxemburgische Sprache

LUC SCHILTZ

LËTZEBUERGESCH SCHWÄTZEN

Einblick in die luxemburgische Sprache

Mit Zeichnungen von Fritz Peter Linden

Verlag Michael Weyand

Impressum

Text: Luc Schiltz

Zeichnungen: Fritz Peter Linden

Fotos: Verlag Weyand GmbH
Gestaltung: Sabine König
Druck und Bindung: CPI books GmbH, Leck

Mitherausgeber: Kreisvolkshochschule Trier-Saarburg

2. Auflage 2012

ISBN 978-3-935 281-38-6

Inhalt

Autobahnbrücke nach Luxemburg

Vorwort

Liebe Luxemburgischlerner,

seit Jahren lehre ich nun schon die luxemburgische Sprache an deutschen Volkshochschulen. Mit viel Freude und Begeisterung besuchen die meisten Teilnehmer die Kurse und lernen neben der Sprache auch Luxemburgs Kultur und seine Landschaft kennen. In all den Jahren hatte ich viel Spaß an meinen Kursen, aber es tauchte immer wieder dasselbe Problem auf: »Wo kann das Gelernte auch irgendwann mal nachgelesen werden?«

Altstadt von Luxemburg mit Teilen der ehemaligen Festungsanlage

Die meisten wollten kein dickes Lehrwerk, sondern wünschten sich ein kleines, handliches Heftchen, das ihnen in komprimierter Form, das Wissenswerteste vermitteln könnte.

Ich hoffe, dass Ihnen dieses Heft weiterhilft und eine kleine Bereicherung für Sie ist. Vor allem wünsche ich Ihnen viel Freude und Spaß beim Erlernen der luxemburgischen Sprache.

Auf den folgenden Seiten sollen die Hauptunterschiede zwischen der deutschen und luxemburgischen Sprache und Grammatik erwähnt werden. Dass einige Aspekte vergessen oder übersehen worden sein können, wird dabei nicht abgestritten, denn dieses Büchlein erhebt sicherlich nicht den Anspruch auf Vollkommenheit und Vollständigkeit. Es geht hier darum, den Teilnehmern der Luxemburgischkurse und all jenen, die Freude am Luxemburgischen haben, einen kurzen Einblick in unsere Sprache zu gewähren.

Vor allem aber sollten Sie eines wissen: eine Sprache kann man nur erlernen, wenn man sie auch spricht. Deswegen ist es wichtig, dass Sie auch oft dorthin fahren, wo die Sprache gesprochen wird: nach Luxemburg. Und Sie werden sehen: unser Land hat sicherlich noch so einiges zu bieten, das verzaubern und überraschen kann.

Luc Schiltz

Die luxemburgische Rechtschreibung

Im Jahre 1999 wurde die luxemburgische Rechtschreibung reformiert und normiert. Bis dahin (aber auch heute noch) hat jeder das Luxemburgische seinem Dialekt und eigenem Sprachempfinden nach geschrieben. Ich möchte hier kurz auf die wichtigsten Regeln eingehen.

Die Vokale

- Vokale, die vor einem Konsonanten stehen und gedehnt ausgesprochen werden, schreibt man nur mit einem Vokal.
  en **A**pel – ech h**a**t – m**o**len – l**a**fen
- Vokale, die vor mehr als einem Konsonanten stehen und gedehnt ausgesprochen werden, schreibt man mit zwei Vokalen.
  hie m**oo**lt – d'K**ii**scht – d'**Aa**rbescht
- Auf Vokale, die kurz ausgesprochen werden, folgt mehr als ein Konsonant.
  flo**tt** – spi**ll**en – ech hu**nn** – hien a**ss**
  Ausnahmen:
  Personalpronomen (him)
  Partikelwörter (am, dran, ...)
  Vorsilben (an- , on-)
  Fremdwörter (de Bus)

Fähre über die Mosel von Oberbillig nach Wasserbillig

Das ›e‹

Das ›e‹ zeigt im Luxemburgischen verschiedene Schreibweisen auf:

- e – den Ap**e**l, d'G**e**ld, ech m**e**ngen
- é – d'Br**é**ck, d'M**é**ck, dr**é**nken

> - **Der Akzent fällt weg, wenn die Silbe unbetont bleibt (de Kinnek – d'Musek).**
> - **Auch bei Pronomen fällt der Akzent weg (meng – deng).**
> - **ë – de Bësch, ënner, fënnef**
> - **Das Trema fällt weg, wenn die Silbe unbetont ist (de President).**
> - **Bei Artikeln, Pronomen und der Negation fällt es auch weg (dem – et – net).**
> - **ee – de Feeler, d'Fleesch, de Reen**
>   **Ausnahme: Fremdwörter (de Meter – trotzdem)**

PASS OP!

Die Diphtonge

Wir kennen sechs Diphtonge im Luxemburgischen.

- éi – l**éi**wer, s**éi**er, d'K**éi**er
- ou – fr**ou**, h**ou**schten, d'K**ou**
- oi – de M**oi**en
- äi – d'**Äi**s, gr**äi**fen, n**äi**scht, fr**äi**
- au – de B**au**ch, l**au**schteren, kr**au**chen
- ei/ai, je nach Herkunft des Wortes – b**ei**, d**ei**er, d'M**ai**s, d'H**ai**ser

Die ›Rëtschlauter‹

Wir kennen drei dieser Laute, die aus zwei Vokalen bestehen, wobei man vom ersten auf den zweiten Vokal ›rutscht‹.

- ie – h**ie**n, l**ie**ft, fr**ie**m
  Merke: d'B**i**r, d'St**i**r
- ue – h**ue**t, l**ue**wen, d'W**ue**rt
- äe – f**äe**rdeg, f**äe**rten, ech w**äe**rt
  Merke: Wenn dem Umlaut nur ein oder kein Konsonant folgt, so fällt das e weg (den H**ä**r – g**ä**r).

Die Konsonanten

- v/f – richten sich nach deutschem Schriftbild (de **F**ësch – de **V**illchen)
- ch/g – richten sich nach deutschem Schriftbild (d'La**ch** – den Da**g**)
- d/t – richten sich nach deutschem Schriftbild (den Dou**d** – dou**t**)
- f/w – richten sich nach deutschem Schriftbild (de Bréi**f** – de Léi**w**)
- p/b – richten sich nach deutschem Schriftbild (d'Zo**pp** – de Stë**b**s)
- h – Es wird nur dann geschrieben, wenn es auch ausgesprochen wird.

Falls eine Ableitung vom deutschen Schriftbild nicht möglich ist, so schreiben wir:
f statt w – de Bou**f**
p statt b – o**p**
t statt d – da**t**

Nun kann es auch sein, dass der Konsonant sich beim Sprechen verändert. Ist dies der Fall, so schreiben wir, wie wir sprechen:
ech schrei**w**en/du schrei**f**s – gu**tt**/e gu**dd**e Kuch

- g – richtet sich nach dem deutschen Schriftbild (de Spi**g**el – *der Spiegel*).
- eg (deutsch: ig) – richtet sich nach deutschem Schriftbild (bëll**eg** = *billig*)
- lech (deutsch: -lich) – richtet sich nach deutschem Schriftbild
- -ch/-g – Am Ende eines Wortes schreiben wir ch, wenn die Silbe kurz und betont ist (ewe**ch** – de Kri**ch**).

Die Eifeler n-Regel

Sie besagt, dass das -n am Ende eines Wortes wegfällt, wenn das folgende Wort mit einem Konsonant beginnt. Dies ist jedoch nicht der Fall, wenn dieses Wort mit einem d-t-h-n-z beginnt. Außerdem fällt das n auch vor Satzzeichen nicht weg.

Beispiel: d**e** Bus – de**n** Zuch – de**n** Apel
Dies gilt für alle Wortarten! (Ech hu**nn** en Apel. Ech hu kee Braut.)
Die Endung ›(i)oun‹ verliert ihr ›n‹ nie (d'Kommioun maachen).

Bemerkung

- Die luxemburgische Sprache kennt kein **ß**. Wir gebrauchen also immer **ss**.
- Bei der Konjugation der Verben stellt sich manchmal die Frage nach Konsonant oder Doppelkonsonant. Hier richtet man sich nach dem Infinitiv. Wenn der Infinitiv des Verbes nur einen Konsonanten hat, so auch alle konjugierten Formen. (hue**l**en/hien hë**l**t – fa**l**en/du fä**l**s – wë**ll**en/du wë**ll**s)
- Fremdwörter verändern ihre Schreibweise normalerweise nicht. Dennoch gibt es einige Begriffe, die sich schon so im Luxemburgischen verfestigt haben, dass sie eine luxemburgiche Schreibweise besitzen (den Diwwi – den Timber – de Schantjen).
- Bei Begriffen, die aus dem Französischen kommen und in der Mehrzahl stehen sollen, fügen wir dem Singular einfach ein **-en** an, auch wenn der eine oder andere Konsonant nicht ausgesprochen wird.
  Beispiel:
  den Atelier – d'Atelieren, das r wird nicht ausgesprochen
  den Ticket – d'Ticketen, das t wird nicht ausgesprochen

Die Präfixe

Vorsilben, die als selbstständige Wörter nicht auftreten:
on-, er-, ent-, zer-, mëss-, be-, ver-, ge-, …

Die Suffixe

Nachsilben, die als selbstständige Wörter nicht auftreten:
-chen, -lech, -schaft, -tum, -nës, -keet, -heet, -esch, éng, -eg

sehr selten, meistens wenn vom Deutschen abgeleitet:
-los (wonschlos glécklech)

Die Wortarten

Auch im Luxemburgischen unterscheiden wir zehn Wortarten:

1.	das Verb	(leien – kucken – dreemen ...)
2.	der Artikel	(en – de – engem ...)
3.	das Nomen	(Bam – Päiperlek – Fatz ...)
4.	das Pronomen	(mäin – dësen – hien ...)
5.	die Präposition	(virun – hannert – iwert ...)
6.	das Adjektiv	(schéin – ellen – grouss ...)
7.	die Konjunktion	(an – oder – desweideren ...)
8.	das Adverb	(méi – heinando ...)
9.	das Numerale	(eent – dräi – de fënneften ...)
10.	die Interjektion	(au – oh – ei ...) = Ausrufe

Deutsch-luxemburgische Grenze über die Sauer

1 Die Verben

a) Die Vollverben
Sie können alleine im Satz stehen und geben dem Satz einen Sinn. Ohne sie kann der Satz nicht bestehen.
Beispiel: Ech kucken den Auto. Ech spille Piano.

b) Die Hilfsverben
Sie werden dazu gebraucht, die zusammengesetzten Zeiten zu bilden: hunn – ginn – sinn (*haben – werden – sein*)
Beispiel: Ech hu bis elo geléiert. *Ich habe bis jetzt gelernt.*
Du bass gëschter ze spéit koum. *Du bist gestern zu spät gekommen.*

PASS OP!

Diese Verben können jedoch auch als Vollverben gebraucht werden: Ech hunn en Auto. Ech sinn de Paschtouer vu Bieles. Ech gi Bäcker.

c) Die Modalverben
Die Modalverben können als Voll- oder als ›Hilfsverben‹ gebraucht werden.
kënnen – wëllen – mussen – däerfen* – sollen
Das Modalverb ›mögen‹ gibt es im Luxemburgischen nicht, der Luxemburger gebraucht hier den Ausdruck ›gär(en) hunn‹.

* *dierfen*

d) Die unpersönlichen Verben
et schneit – et reent – et donnert – et geschitt

e) Die Reflexivverben
immer: sech fläissen (können nie ohne ›sech‹ stehen)
gelegentlich: sech wäschen – sech verteidegen – sech iergeren

Infinite Verbformen
Infinite Verbformen können im Gegensatz zu den finiten Verbformen nicht konjugiert werden, sie bestehen also nur aus einer einzigen Form.

- Partizip Präsens: sang**end** (fast nicht im Gebrauch in der luxemburgischen Sprache)
- Partizip Perfekt: gesongen/gespillt (Unterschied zwischen starken und schwachen Verben)
- Infinitiv: sang**en** – spill**en**

1.1 Die Tempora im Luxemburgischen

Im Luxemburgischen werden auch alle im Deutschen üblichen Zeiten gebraucht:

a) Präsens
b) Imperfekt
c) Perfekt
d) Plusquamperfekt
e) Futur I
f) Futur II

Wie im Deutschen gibt es die drei Modi:
Indikativ, Konjunktiv und Imperativ

a) Das Indikativ Präsens

Es drückt ein gegenwärtiges Geschehen, einen allgemeingültigen Sachverhalt oder eine Gewohnheit, aber auch ein zukünftiges Geschehen aus. (Unter Umständen kann es auch ein vergangenes Geschehen oder historische Ereignisse – szenisches Präsens – ausdrücken)

Bildung:

ech	spill**en**	laach**en**	kuck**en**	bréng**en**
du	spill**s**	laach**s**	kuck**s**	bréng**s**
hie(n) *(hatt/si/et)*	spill**t**	laach**t**	kuck**t**	bréng**t**
mir	spill**en**	laach**en**	kuck**en**	bréng**en**
dir	spill**t**	laach**t**	kuck**t**	bréng**t**
si	spill**en**	laach**en**	kuck**en**	bréng**en**

Verben, déi am Indikativ Präsens regelméisseg konjugéiert ginn!

annäipen – *einnicken*	bäissen – *beißen*
sech bécken – *sich bücken*	behaapten – *behaupten*
bestrofen – *bestrafen*	bieden – *beten*
billen – *bellen*	bierelen – *schreien*
bitzen – *nähen*	bleiwen – *bleiben*
bonzelen – *purzeln*	botzen – *putzen*
bréngen – *bringen*	sech bretzen – *prahlen*
sech bretzen – *prahlen*	danzen – *tanzen*
diebelen – *falten*	dierengelen – *bedrängen*
drénken – *trinken*	drécken – *drücken*
druddelen – *knittern*	fachen – *stinken*
fänken – *fangen*	fréieren – *frieren*
fëllen – *füllen*	fëmmen – *rauchen*
fëschen – *angeln*	fidderen – *füttern*
fuddelen – *mogeln*	gaapsen – *gähnen*
garrelen – *säbeln*	haassen – *hassen*
hänken – *hängen*	héieren – *hören*
heemelen – *streicheln*	heeschen – *heißen*
houschten – *husten*	sech iergeren – *sich ärgern*
jäizen – *schreien*	kachen – *kochen*
kaschten – *kosten*	këddelen – *kitzeln*
kieren – *fegen*	kloteren – *klettern*

klunschen – *schaukeln*	knäipen – *spicken*
knätschen – *kauen*	knéchelen – *werkeln*
kniwwelen – *werkeln, knittern*	krazen – *kratzen*
kräischen – *weinen*	kréinen – *krähen*
kucken – *schauen*	laachen – *lachen*
läschen – *löschen*	lauschteren – *zuhören*
léieren – *lernen/lehren*	léinen – *leihen*
liesen – *lesen*	lounen – *mieten*
molen – *malen*	netzen – *gießen*
otmen – *atmen*	päifen – *pfeifen*
pechen – *kleben*	plécken – *pflücken*
piddelen – *stochern*	puchen – *werfen*
rappen – *reißen*	reiden – *reiten*
rënnen – *undicht sein*	repsen – *rülpsen*
rëselen – *rütteln*	richen – *riechen*
schaffen – *arbeiten*	schécken – *senden*
schellen – *klingeln*	schmaachen – *schmecken*
schreiwen – *schreiben*	schwätzen – *sprechen*
schweessen – *schwitzen*	sichen – *suchen*
spären – *schließen (Schloss)*	spillen – *spielen*
spullen – *spülen*	stäipen – *stützen*
sténken – *stinken*	stierwen – *sterben*
strecken – *bügeln*	strécken – *stricken*
streiden – *streiten*	tesselen – *stapeln*

trëllen – *fallen*	trëppelen – *spazieren*
tuddelen – *stottern*	ustiwwelen – *anstiften*
verlaangeren – *sich sehnen nach*	
verstoppen – *verstecken*	waarden – *warten*
wäschen – *waschen*	wielen – *wählen*
wunnen – *wohnen*	zecken – *hänseln*
zécken – *zögern*	zidderen – *zittern*

1.1 Die Tempora im Luxemburgischen

Verben, déi am Indikativ Präsens onregelméisseg deklinéiert ginn!
Verben, die im Präsens ihre Form (meistens) in der zweiten und dritten Person des Singulars verändern.

Infinitiv	*ech*	*du*	*hie(n)*	*mir/si*	*dir*	*deutsch*
bannen	bannen	bënns	bënnt	bannen	bannt	*binden*
bezuelen	bezuelen	bezills	bezillt	bezuelen	bezuelt	*bezahlen*
bléien	bléien	blitts	blitt	bléien	blitt	*blühen*
blosen	blosen	bléis	bléist	blosen	bloost	*blasen*
brauchen	brauchen	brauchs	brauch	brauchen	braucht	*brauchen*
broden	broden	bréits	bréit	broden	brot	*braten*
briechen	briechen	bréchs	brécht	briechen	briecht	*brechen*
dinn (doen)	dinn (doen)	dees	deet	dinn	ditt	*tun*
dreiwen	dreiwen	dreifs	dreift	dreiwen	dreift	*treiben*
droen	droen	dréis	dréit	droen	drot	*tragen*
falen	falen	fäls	fält	falen	faalt	*falen*
fannen	fannen	fënns	fënnt	fannen	fannt	*finden*
fléien	fléien	flitts	flitt	fléien	flitt	*fliegen*
froen	froen	frees	freet	froen	frot	*fragen*
fueren	fueren	fiirs	fiirt	fueren	fuert	*fahren*
geschéien			geschitt			*geschehen*
gesinn	gesinn	gesäis	gesäit	gesinn	gesitt	*sehen*
ginn	ginn	gëss	gëtt	ginn	gitt	*geben/werden*
gewannen	gewannen	gewënns	gewënnt	gewannen	gewannt	*gewinnen*
goen	ginn	geess	geet	ginn	gitt	*gehen*
halen	halen	häls	hält	halen	haalt	*halten*
huelen	huelen	hëls	hëlt	huelen	huelt	*nehmen*
iessen	iessen	ëss	ësst	iessen	iesst	*essen*
kafen	kafen	keefs	keeft	kafen	kaaft	*kaufen*
klammen	klammen	klëmms	klëmmt	klammen	klammt	*klettern*
kommen	kommen	kënns	kënnt	kommen	kommt	*kommen*
kréien	kréien	kriss	kritt	kréien	kritt	*bekommen*

Infinitiv	*ech*	*du*	*hie(n)*	*mir / si*	*dir*	*deutsch*
lafen	lafen	leefs	leeft	lafen	laaft	*laufen*
leeën	leeën	lees	leet	leeën	leet	*legen*
leien	leien	läis	läit	leien	leit	*liegen*
léien	léien	litts	litt	léien	litt	*lügen*
loossen	loossen	léiss	léisst	loossen	loosst	*lassen*
maachen	maachen	méchs	mécht	maachen	maacht	*machen*
ruffen	ruffen	riffs	rifft	ruffen	rufft	*rufen*
sangen	sangen	séngs	séngt	sangen	sangt	*singen*
schloen	schloen	schléis	schléit	schloen	schlot	*schlagen*
schlofen	schlofen	schléifs	schléift	schlofen	schlooft	*schlafen*
schwammen	schwammen	schwëmms	schwëmmt	schwammen	schwammt	schwimmen
soen	soen	sees	seet	soen	sot	*sagen*
sprangen	sprangen	spréngs	spréngt	sprangen	sprangt	*springen*
stiechen	stiechen	stéchs	stécht	stiechen	stiecht	*stechen*
stoen	stinn	stees	steet	stinn	stitt	*stehen*
stoussen	stoussen	stéiss	stéisst	stoussen	stousst	*stoßen*
verroden	verroden	verréits	verréit	verroden	verrot	*verraten*
vergiessen	vergiessen	vergëss	vergësst	vergiessen	vergiesst	*vergessen*
wëssen	weess	weess	weess	wëssen	wësst	*wissen*
wuessen	wuessen	wiiss	wiisst	wuessen	wuesst	*wachsen*
zéien	zéien	zitts	zitt	zéien	zitt	*ziehen*

Bei Verben mit **›ch‹** oder **›ck‹**, drëchenen *(trocknen)* – knëchelen *(werkeln)* – fréckelen *(hinterher rutschen)* – réckelen *(rücken)* – rechenen *(rechnen)* – zeeschenen *(zeichnen)* – … kann im Infinitiv das ›e‹ wegfallen:

Infinitiv	rechnen	récklen
ech	rechnen	récklen
du	rech**ens**	réck**els**
hie	rech**ent**	réck**elt**
mir / si	rechnen	récklen
dir	rech**ent**	réck**elt**

b) Das Imperfekt

Es drückt die Vergangenheit aus. Im Luxemburgischen gibt es nur noch wenige Imperfektformen. Meistens wird statt des Imperfekts das Perfekt gebraucht.

Infinitiv	*ech*	*du*	*hie(n)*	*mir / si*	*dir*	*deutsch*
bleiwen	blouf	bloufs	blouf	blouwen	blouft	*bleiben*
denken	duecht	duechs(t)	duecht	duechten	duecht	*denken*
froen	frot	fros	frot	froten	frot	*fragen*
ginn	gouf	goufs	gouf	goufen	gouft	*werden / geben*
hänken	hung	hungs	hung	hungen	hungt	*hängen***
kommen	koum	koums	koum	koumen	koumt	*kommen**
kréien	krut	krus	krut	kruten	krut	*bekommen*
leien	louch	louchs	louch	louchen	loucht	*liegen*
setzen	souz	souz	souz	souzen	souzt	*sitzen**
soen	sot	sos	sot	soten	sot	*sagen*
stoen	stung	stungs	stung	stungen	stungt	*stehen***
wëssen	wousst	wousst	wousst	woussten	wousst	*wissen**

** statt ›ou‹ kann auch einfach noch ›u‹ stehen (auch einfach ›o‹ ist im Sprachgebrauch)*

*** können je nach Dialekt auch ein ›o‹ statt des ›u‹ haben*

c) Das Perfekt

Bildung

Die Hilfsverben ›hunn‹ – ›sinn‹ stehen im Indikativ Präsens gefolgt vom Vollverb im Partizip Perfekt.

Beispiel: ech hu gespillt – du bass geschwomm(en) – hien huet gesong(en)

Die regelmäßigen Verben bilden ihr Partizip Perfekt durch Anhängen eines -t an den Stamm: gespillt – gekuckt – gelaacht – gekacht – … (wie im Deutschen)

Unregelmäßige Verben im Partizip Perfekt

Infinitiv	*Partizip Perf.*	*deutsch*	*Infinitiv*	*Partizip Perf.*	*deutsch*
bäissen	gebass	*beißen*	bannen	gebonnen	*binden*
bléien	geblitt (ver-)	*blühen (ver-)*	bleiwen	bliwwen	*bleiben*
bidden	gebueden (u-)	*bieten (an-)*	bieden	gebieden	*bitten*
blosen	geblos(en)	*blasen*	bréngen	bruecht	*bringen*
brennen	gebrannt	*brennen*	briechen	gebrach	*brechen*
broden	gebroden	*braten*			
dinn	gedoen	*tun*	dreiwen	gedriwwen	*treiben*
drénken	gedronk	*trinken*	droen	gedroen	*tragen*
falen	gefall	*fallen*	fänken	gefaang	*fangen*
fannen	fond	*finden*	fäerten	gefaart	*fürchten*
fläissen	geflass	*beeilen*	fléien	geflunn	*fliegen*
fréieren	gefruer	*frieren*	froen	gefrot	*fragen*
fueren	gefuer	*fahren*			
géissen	gegoss	*gießen (Glocke)*	gëllen	gegolt	*gelten*
geléngen	gelong(en)	*gelingen*	genéissen	genoss	*genießen*
gesinn	gesinn	*sehen*	geschéien	geschitt	*geschehen*
gewannen	gewonn(en)	*gewinnen*	ginn	ginn	*geben*
gläichen	geglach	*gleichen*	goen	gaang(en)	*gehen*
gräifen	gegraff	greifen	gruewen	gegruewen	graben
halen	gehal(en)	*halten*	hëllefen	gehollef	*helfen*

Infinitiv	*Partizip Perf.*	*deutsch*	*Infinitiv*	*Partizip Perf.*	*deutsch*
hiewen	gehuewen	*heben*	hänken	gehaang(en)	*hängen*
huelen	geholl	*nehmen*			
iessen	giess	*essen*	jäizen	gejaut	*schreien*
kafen	kaaft	*kaufen*	kennen	(ge)kannt	*kennen*
klammen	geklomm(en)	*klettern*	kommen	koum (komm)	*kommen*
kräischen	gekrasch	*weinen*	kréien	kritt/krut	*bekommen*
lafen	gelaf	*laufen*	leeën	geluecht	*legen*
leien	geleeën	*liegen*	léien	gelunn	*lügen*
leiden	gelidden	*leiden*	liesen	gelies	*lesen*
loossen	gelooss	*lassen*			
miessen	gemooss	*messen*	netzen	genat	*gießen (Blumen)*
päifen	gepaff	*pfeifen*			
räissen	gerass	*reißen*	reiden	geridden	*reiten*
reiwen	geriwwen	*reiben*	richen	geroch	*riechen*
rëtschen	gerëtscht	*rutschen*	ruffen	geruff	*rufen*
sangen	gesong(en)	*singen*	schéissen	geschoss	*schießen*
schëdden	geschott	*schütten / gießen*	schläichen	geschlach	*schleichen*
schläifen	geschlaff	*schleifen*	schloen	geschlo(e)n	*schlagen*
schlofen	geschlof	schlafen	schmäissen	geschmass	*schmeißen*
schmëlzen	geschmolt	*schmelzen*	schneiden	geschnidden	*schneiden*
schreiwen	geschriwwen	*schreiben*	schwammen	geschwommen	*schwimmen*
schwätzen	geschwat	*reden*	schwëllen	geschwoll(en)	*schwellen*
schwieren	geschwuer	*schwören*	sëtzen	gesiess	*sitzen*
setzen	gesat	*setzen*	soen	gesot	*sagen*
spannen	gesponnen	*spinnen*	spären	gespaart	*schließen*
sprangen	gesprongen	*springen*	sténken	gestonk	*stinken*
stiechen	gestach	*stechen*	stielen	gestuel	*stehlen*
stierwen	gestuerwen	*sterben*	stoen	gestan(en)	*stehen*
streiden	gestridden	streiten			

Infinitiv	Partizip Perf.	deutsch	Infinitiv	Partizip Perf.	deutsch
treffen	getraff	*treffen*	trellen	getrollt	*fallen*
verdierwen	verduerwen	*verderben*	vergiessen	vergiess	*vergessen*
verléieren	verluer	*verlieren*	vernennen	vernannt	*schelten*
verroden	verroden	*verraten*	versénken	versonk	*versinken*
verstoen	verstan (en)	*verstehen*			
wäschen	gewäsch	*waschen*	weien	gewien	*wiegen*
weisen	gewisen	*zeigen*	werfen	geworf	*werfen*
wëssen	gewosst	*wissen*	wuessen	gewuess	*wachsen*
zéien	gezunn	*ziehen*	zwéngen	gezwongen	*zwingen*

Bemerkung

Das Perfekt verschiedener Verben kann sowohl mit dem Hilfsverb ›hunn‹ als auch mit ›sinn‹ konjugiert werden. (Dies hängt davon ab, was der Satz ausdrücken möchte, Verb der Bewegung).

Intransitive Verben, die eine Veränderung, einen Umschwung oder ein Resultat bezeichnen, werden mit dem Hilfsverb ›sinn‹ gebildet:

D'Haus ass ganz ofgebrannt. D'Blumm ass schonns verblitt.

Wenn sie einen Vorgang oder die Dauer ausdrücken, steht das Hilfverb ›hunn‹.

D'Haus huet gebrannt. D'Blumm huet geblitt.

d) Das Plusquamperfekt

Das Plusquamperfekt wird gebraucht um auszudrücken, dass ein Geschehen vor einem anderen Geschehen in der Vergangenheit stattgefunden hat.

Bildung

Den Hilfsverben ›hunn‹ oder ›sinn‹ im Imperfekt folgt das Vollverb im Partizip Perfekt.

Beispiel: ech hat gespillt – du waars geschwomm(en) – hien hat gesong(en)

e) Das Futur I

Das Futur I bezeichnet eigentlich ein zukünftiges Geschehen, doch wird die Zukunft heute meistens mit dem Indikativ Präsens ausgedrückt. Dem Satz muss dann jedoch ein Wörtchen hinzugefügt werden, das die Zukunft andeutet (mar, iwwermar).

Das Futur I wird wie im Deutschen dazu gebraucht eine Vermutung, eine Aufforderung oder eine Verunsicherung zum Ausdruck zu bringen.

Bildung
Das Futur I wird mit dem Verb ›wäerden‹ gebildet.
Beispiel: Ech wäerd an der Mathé eng Datz kréien. *Ich werde in Mathe wahrscheinlich eine Ungenügende bekommen.*

f) **Das Futur II**
Das Futur II drückt eine Vergangenheit in der Zukunft aus, aber auch eine Vermutung.

Bildung
Das Hilfsverb ›wäerten‹ gibt es nur für die Bildung von Futur I und Futur II und kommt nur im Präsens vor. Es taucht hier in Verbindung mit dem Vollverb im Partizip Perfekt und den Hilfsverben ›sinn‹ oder ›hunn‹ im Infinitiv auf.
Beispiel: ech wäert gespillt hunn – ech wäert geschwomme sinn

1.2 Die Zeitenfolge

Hier verändert sich eigentlich nichts gegenüber der deutschen Grammatik, weshalb an dieser Stelle jeweils nur kurz ein Beispiel gegeben wird.

Gleichzeitigkeit
Et reent, dofir gi mir an de Kino.
Es regnet, deswegen gehen wir ins Kino.
Et huet gereent, dofir si mer an de Kino gaang(en).

Vorzeitigkeit
Zënter ech e vernannt hunn, schafft en erëm.
Seit ich ihn ausgeschimpft habe, arbeitet er wieder.
Nodeems ech e vernannt hat, huet en erëm geschafft.

Nachzeitigkeit
Ech weess net, ob hie mar spille wäert (eher eine Vermutung).
Ich weiß nicht, ob er morgen spielen wird.

1.3 Aktiv und Passiv

Aktiv	*Passiv*
Präsens Ech plécken d'Blumm.	*Präsens* D'Blumm gëtt vu mir gepléckt.
	Imperfekt D'Blumm gouf vu mir gepléckt.
Perfekt Ech hunn d'Blumm gepléckt.	*Perfekt* D'Blumm ass vu mir gepléckt ginn.
Plusquamperfekt Ech hat d'Blumm gepléckt.	*Plusquamperfekt* D'Blumm war vu mir gepléckt ginn.
Futur I Ech wäert d'Blumm plécken.	*Futur I* D'Blumm wäert vu mir gepléckt ginn.
Futur II Ech wäert d'Blumm gepléckt hunn	*Futur II* D'Blumm wäert vu mir gepléckt gi sinn.

Das Passiv wird im Luxemburgischen mit dem Verb ›ginn‹ gebildet. Da es von ›ginn‹ eine Imperfektform gibt, erscheint hier eine Passivform, auch wenn es von dem eigentlichen Vollverb keine Imperfektform im Indikativ Präsens gibt.

Im Gegensatz zum Deutschen können im Luxemburgischen auch die intransitiven Verben ein persönliches Passiv bilden, dies mit Hilfe des Verbes ›kréien‹.

Beispiel:
Doris hilft ihren Freunden.
Falsch wäre: *Ihren Freunden wird von Doris geholfen.*
Doris hëlleft senge Frënn. Seng Frënn kréie vum Doris gehollef.
Im Luxemburgischen möglich!

1.4 Der Imperativ

Auch die Befehlsform unterscheidet sich eigentlich nicht von dem Deutschen. Beim Singular fällt die -en-Endung des Infinitivs weg, beim Plural wird an den Stamm ein -t angehängt.
Spill! – Spillt! – Laf! – Laaft!
Ausnahmen: Géi! – Gitt! *(gehen)*, Kréi! – Kritt *(bekommen)*,
Gëff! – Gitt! *(geben), Stéi – Stitt (stehen)*

1.5 Der Konjunktiv

Der Konjunktiv drückt eine Vermutung aus, kann aber auch indirekt einen Wunsch (eine Bitte, einen Befehl) ausdrücken und wird dazu gebraucht, die Indirekte Rede zu bilden. Gebildet wird der Konjunktiv mit Hilfe der Verben ›ginn‹ (= géif) oder ›goen‹ (= géing) und dem Infinitiv des Vollverbes.

Bildung

Konjunktiv der Gleich- und Nachzeitigkeit (im Deutschen Präsens / Futur)

Infinitiv	spillen	schwammen
ech	géif spillen	géing schwammen
du	géifs spillen	géings schwammen
hie(n)	géif spillen	géing schwammen
mir / si	géife spillen	géinge schwammen
dir	géift spillen	géingt schwammen

Konjunktiv der Vorzeitigkeit (im Deutschen Perfekt / Plusquamperfekt)

Infinitiv	spillen	schwammen
ech	hätt gespillt	wier (wär) geschwommen
du	häss gespillt	wiers (wäers) geschwommen
hie(n)	hätt gespillt	wier (wär) geschwommen
mir / si	hätte gespillt	wiere (wäre) geschwommen
dir	hätt gespillt	wiert (wäert) geschwommen

Es gibt aber auch noch einige alte Konjunktivformen im Luxemburgischen:

Infinitiv	*ech*	*du*	*hie*	*mir / si*	*dir*
bleiwen	bléif	bléifs	bléif	bléiwen	bléift
brauchen	bräicht	bräichs	bräicht	bräichten	bräicht
gesinn	geséich	geséichs	geséich	geséichen	geséicht**
goen	géing	géings	géing	géingen	géingt *
kommen	kéim	kéims	kéim	kéimen	kéimt
kréien	kréich	kréichs	kréich	kréichen	kréicht
maachen	méich	méichs	méich	méichen	méicht
leien	léich	léichs	léich	léichen	léicht
stoen	stéing	stéings	stéing	stéingen	stéingt*
setzen	séitz	séitz	séitz	séitzen	séitzt
wëssen	wéiss	wéisst	wéisst	wéissten	wéisst

** möglich auch ›sting‹ und ›ging‹*

*** die Indikativ – Imperfektform ›gesouch‹ ist eher ungebräuchlich.*

1.6 Die indirekte Rede

Die indirekte Rede unterscheidet sich, was ihre Anwendung und Regeln betrifft eigentlich relativ wenig von ihrer Anwendung im Deutschen.

Bei Gleichzeitigkeit oder Nachzeitigkeit gebrauchen wir die Konjunktiv-Präsens-Form, bei Vorzeitigkeit die Konjunktiv-Plusquamperfekt-Form.

Beispiel:

a) **Gleichzeitigkeit / Nachzeitigkeit**
Er sagte: »Ich gehe jetzt in mein Zimmer.«
Hie sot: »Ech ginn elo a mäin Zëmmer.«
Er sagte, er gehe jetzt in sein Zimmer.
Hie sot, hie géif elo a säin Zëmmer goen.
Hie sot, hie géing elo a säin Zëmmer (goen).

b) **Vorzeitigkeit**
Er sagte: »Ich war in mein Zimmer gegangen.«
Hie sot: »Ech war a mäin Zëmmer gaang.«
Er sagte: »Ich ging in mein Zimmer.«
Hie sot: »Ech gong a mäin Zëmmer.«
Er sagte, er sei in sein Zimmer gegangen.
Hie sot, hie wier a säin Zëmmer gaang(en).

Sonstige Veränderungen:

- Die Anführungszeichen verschwinden.
- Der indirekte Fragesatz wird mit ›ob‹ eingeleitet. An seinem Ende steht ein Punkt.
- Die Adverbien des Ortes und der Zeit ändern oder werden weggelassen.
- Veränderung der Pronomina je nach Sprechsituation
- Befehle werden mit Hilfe des Verbes ›sollen‹ ausgedrückt.
  Hie sot zu mir: »Géi heem!«
  Hie sot zu mir, ech soll heem goen.

1.7 Die Hilfsverben ›hunn‹, ›sinn‹ und ›ginn‹

Hilfsverb ›hunn‹ *(haben)*

Indikativ

	Präsens	*Imperfekt*	*Perfekt/ Plusquamperfekt*	*Futur I*	*Futur II*
ech	hunn	hat	hu/hat gehat	wäert hunn	wäert gehat hunn
du	hues	has	hues/has gehat	wäerts hunn	wäerts gehat hunn
hie(n)	huet	hat	huet/hat gehat	wäert hunn	wäert gehat hunn
mir/si	hunn	haten	hu/haten gehat	wäerten hunn	wäerte gehat hunn
dir	hutt	hat	hutt/hat gehat	wäert hunn	wäert gehat hunn

Konjunktiv

	Präsens/ Imperfekt	*Perfekt/ Plusquamperfekt*	*Futur I*	*Futur II*
ech	hätt	hätt gehat	géif hunn	ungebräuchlich
du	häss	häss gehat	géifs hunn	
hie(n)	hätt	hätt gehat	géif hunn	
mir/si	hätten	hätte gehat	géifen hunn	
dir	hätt	hätt gehat	géift hunn	

Hilfsverb ›sinn‹ *(sein)*

Indikativ

	Präsens	*Imperfekt*	*Perfekt/ Plusquamperfekt*	*Futur I*	*Futur II*
ech	sinn	wor	si/wor gewiescht	wäert sinn	wäert gewiescht sinn
du	bass	woors	bass/woors gewiescht	wäerts sinn	wäerts gewiescht sinn
hie(n)	ass	wor	ass/wor gewiescht	wäert sinn	wäert gewiescht sinn
mir/si	sinn	woren	si/wore gewiescht	wäerte sinn	wäerte gewiescht sinn
dir	sidd	woort	sidd/ woort gewiescht	wäert sinn	wäert gewiescht sinn

Im Imperfekt auch ›a‹ statt ›o‹.

Konjunktiv

	Präsens/ Imperfekt	*Perfekt/ Plusquamperfekt*	*Futur I*	*Futur II*
ech	wier (wär)	wier gewiescht	géif sinn	ungebräuchlich
du	wiers (wäers)	wiers gewiescht	géifs sinn	
hie(n)	wier (wär)	wier gewiescht	géif sinn	
mir/si	wieren (wären)	wiere gewiescht	géife sinn	
dir	wiert (wäert)	wiert gewiescht	géift sinn	

Hilfsverb ›ginn‹ *(werden, meistens + Adj.)*

Indikativ

	Präsens	*Imperfekt*	*Perfekt*	*Plusquam-perfekt*	*Futur I*	*Futur II*
ech	ginn	gouf	si ginn	wor ginn	wäert ginn	wäert gi sinn
du	gëss	goufs	bass ginn	woors ginn	wäerts ginn	wäerts gi sinn
hie(n)	gëtt	gouf	ass ginn	wor ginn	wäert ginn	wäert gi sinn
mir/si	ginn	goufen	si ginn	wore ginn	wäerte ginn	wäerte gi sinn
dir	gitt	gouft	sidd ginn	woort ginn	wäert ginn	wäert gi sinn

Konjunktiv

	Präsens/ Imperfekt	*Perfekt/ Plusquamperfekt*	*Futur I*	*Futur II*
ech	géif	wier ginn	géif ginn	ungebräuchlich
du	géifs	wiers ginn	géifs ginn	
hie(n)	géif	wier ginn	géif ginn	
mir/si	géifen	wiere ginn	géife ginn	
dir	géift	wiert ginn	géift ginn	

Dann gibt es noch das Hilfsverb „wäerten". Dieses Verb kann nicht als Vollverb benutzt werden und wird auch nur zur Bildung von Futur I und II benutzt. Dieses Verb hat somit auch keine wirkliche Übersetzung (im Deutschen „werden", aber nur zur Bildung der oben genannten Zeiten).

1.8 Die Modalverben

Indikativ

Präsens

	kënnen	*mussen*	*däerfen**	*wëllen*	*sollen*
ech	kann	muss	däerf	wëll	soll
du	kanns	muss	däerfs	wëlls	solls
hie(n)	kann	muss	däerf	wëll	soll
mir/si	kënnen	mussen	däerfen	wëllen	sollen
dir	kënnt	musst	däerft	wëllt	sollt

Imperfekt

ech	konnt	gibt es nicht	duerft	wollt	sollt
du	konnts		duerfst	wollts	sollts
hie(n)	konnt		duerft	wollt	sollt
mir/si	konnten		duerften	wollten	sollten
dir	konnt		duerft	wollt	sollt

Perfekt

ech	hu konnt	hu missen (hu mussen)	hunn dierfen (hunn däerfen)	hu gewollt	ungebräuchlich

Plusquamperfekt

ech	(hat konnt)	hat missen	hat dierfen	hat gewollt	ungebräuchlich

Futur I

ech	wäert kënnen	wäert missen	wäert dierfen	wäert wëllen	wäert sollen

Futur II

ech	wäert konnt hunn	wäert missen hunn	wäert geduerft hunn	wäert gewollt hunn	

* *Statt ›däerfen‹ ist auch ›dierfen‹ möglich.*

Konjunktiv

Präsens / Imperfekt

	kënnen	*mussen*	*däerfen**	*wëllen*	*sollen*
ech	kéint	misst	dierft	wéilt	sollt
du	kéints	miss	dierfst	wéilts	sollts
hie(n)	kéint	misst	dierft	wéilt	sollt
mir/si	kéinten	missten	dierften	wéilten	sollten
dir	kéint	misst	dierft	wéilt	sollt

Perfekt / Plusquamperfekt

ech	hätt kéinten	hätt missen	hätt dierfen	hätt wëllen	hätt sollen

** Des Weiteren gibt es noch das Verb „net brauchen", das von vielen als eine Art Modalverb angesehen wird. Dabei ist jedoch zu bemerken, dass das dann folgende Verb im Infinitiv immer mit „zu" stehen muss. Bsp.: Ech brauch keng Sue op den Ausfluch matzehuelen.*

1.9 Verben an de Casus

engem eppes schreiwen

eppes iessen

engem eppes ginn	*jemandem etwas geben*
engem eppes schenken	*jemandem etwas schenken*
engem eppes soen	*jemandem etwas sagen*
engem eppes schreiwen	*jemandem etwas schreiben*
engem eppes matbréngen	*jemandem etwas bringen*
engem eppes roden	*jemandem etwas raten*
engem eppes bezuelen	*jemandem etwas bezahlen*
engem eppes schécken	*jemandem etwas schicken*
engem eppes kafen	*jemandem etwas kaufen*
engem eppes verroden	*jemandem etwas verraten*
een eppes froen	*jemanden etwas fragen*
eppes wëssen	*etwas wissen*
eppes sangen	*etwas singen*
eppes leeën	*etwas hinlegen*
eppes iessen	*etwas essen*
eppes bannen	*etwas binden*
eppes broden	*etwas kochen*
eppes briechen	*etwas brechen*
eppes droen	*etwas tragen*
eppes fannen	*etwas finden*
eppes wäschen	*etwas waschen*
eppes huelen	*etwas nehmen*
eppes maachen	*etwas tun*
eppes kréien	*etwas bekommen*
eppes/een héieren	*etwas/jemanden hören*
eppes/een treffen	*etwas/jemanden begegnen*
eppes/ee gesinn	*etwas/jemanden sehen*
ee schloen	*jemanden schlagen*
ee kennen	*jemanden kennen*
ee beléien	*jemanden anlügen*
ee (u)ruffen	*jemanden rufen*
ee stoussen	*jemanden stoßen*
ee verroden	*jemanden verraten*
engem hëllefen	*jemandem helfen*

2 Der Artikel

Wir unterscheiden zwischen dem bestimmten und unbestimmten Artikel.

De bestëmmten Artikel

	männlich	*weiblich*	*sächlich*	*Plural*
N/A	de(n)	d'	d'	d'
D	dem	der	dem	de(n)

* *N = Nominativ, D = Dativ A = Akkusativ*

männlich: **den** Hond – **dem** Hond – **den** Hond, (N – D – A)*
weiblich: **d'**Fra – **der** Fra – **d'**Fra, (N – D – A)
sächlich: **d'**Hiem – **dem** Hiem – **d'**Hiem, (N – D – A)
Plural: **d'**Autoen – **den** Autoen – **d'**Autoen, (N – D – A)

Den onbestëmmten Artikel

	männlich	*weiblich*	*sächlich*	*Plural*
N/A	e(n)	eng	e(n)	
D	engem	enger	engem	

männlich: **en** Hond – **engem** Hond – **en** Hond, (N – D – A)
weiblich: **eng** Fra – **enger** Fra – **eng** Fra, (N – D – A)
sächlich: **en** Hiem – **engem** Hiem – **en** Hiem, (N – D – A)

Bemerkung

- Vor verschiedenen Ländern steht ein Artikel.
  Beispiel: d'Belsch, d'Schwäiz, de Venezuela, d'Tierkei
- Vor den Eigennamen steht im Luxemburgischen ein Artikel.
  Beispiel: de Jang, d'Maria, ...
- Aussprache: Das **d'** wird als **t** ausgesprochen!

3 Das Substantiv / Das Nomen

a) Das Genus des Substantivs

Es gibt keine Regel um das Genus der Nomen mit Bestimmtheit festzulegen. Zwei Aspekte können jedoch beachtet werden:

Das natürliche Geschlecht

männlich: de Mann, de Stéier, den Hond, de Meeschter, de Professer
weiblich: d'Fra, d'Léierin, d'Mudder

Bestimmte Endungen

sächlich:
-ment (d'Argument)

männlich:
-ech (den Teppech), -eg (den Hunneg)
-ek (de Päiperlek, de Kiewerlek), -s (de Schnaps)
-ant (den Informant), -ent (de Student)
-är (de Kommissär), -(i)eur (den Amateur)
-um (den Album), -ier (den Dossier)
-iker (de Fanatiker), -ing (den Jogging)
-ismus (de Katholizismus), -ist (de Faschist)
-or (de Motor)

weiblich:
-ei (d'Bäckerei), -in (d'Léierin)
-heet (d'Eenheet), -schaft (d'Frëndschaft)
-ung (d'Schöpfung), -ad (d'Fassad)
-anz (d'Eleganz), -ett(e) (d'Toilett)
-keet (d'Aarbeschtslosegkeet), -ie (d'Lotterie)
-enz (d'Audienz), -ur (d'Natur)
-ik (d'Politik), -ioun (d'Explosioun)
-ive (d'Alternative)

Es kann jedoch auch hier Abweichungen und Ausnahmen geben.

Unterschiede zum Deutschen

- Medikamente werden im Deutschen als Neutrum angesehen, im Luxemburgischen nehmen sie das Genus ihrer Beschaffenheit an (Pille, Zäpfchen).
  Beispiel: eng Aspro (eng Pëll)

- Metalle sind im Deutschen Neutrum, im Luxemburgischen jedoch meistens männlich.
  Beispiel: de Bläi, den Zénk, …
  Ausnahmen: d'Eisen, d'Gold, d'Sëlwer

- Namen von Hotels, Cafés und Kinos sind meistens männlich (im Deutschen sächlich).
  Beispiel: den Utopolis, den Amadeus, den Hilton

- Substantivierte Buchstaben sind männlich (im Deutschen sächlich)
  Beispiel: den A, de B

- Das Geschlecht der Nomen wird nicht geändert, wenn die Verkleinerungsform ›chen‹ hinzutritt.
  e Bouf/de Bouf – e Béifchen/de Béifchen
  eng Bom/d'Bom – eng Boomchen/d'Boomchen

Zur Erinnerung

Das Genus zusammengesetzter Substantive wird wie im Deutschen durch das Grundwort bestimmt.
Beispiel: d'Gaardendier (w)

Wörter mit doppeltem Geschlecht und gleicher Bedeutung

- den Dschungel/d'Dschungel
- alle auf -at endenden Begriffe (Doktorat, Pontifikat)

Wörter mit doppeltem Geschlecht und verschiedener Bedeutung

d'Leeder – de Leeder, *die Leiter – der Leiter*
d'Konn – de Konn, *die Kunde – der Kunde*
d'Gehalt – de Gehalt, *das Gehalt – der Gehalt, Inhalt*

d'Ierwen – den Ierwen, *das Erbe – der Erbe*
d'Band – de Band, *das Band – der Band*
d'Garage – de Garage, *die Garage – die Autowerkstatt*
den Nol – d'Nol, *der Nagel – die Nadel*
den Armut – d'Armut, *geistige Armut – die materielle Armut …*
asw.

Wörter gleichen Geschlechts, aber verschiedener Bedeutung
eng Kéier, *eine Kurve* – eng Kéier, *ein Mal*
d'Muecht, *die Macht* – d'Muecht, *das Mark*
d'Steier, *die Steuer* – d'Steier, *das Steuerrad*
den Ekel, *das Ekel* – den Ekel, *der Ekel*
de Bond, *das Bund* – de Bond, *der Bund*

b) Die Mehrzahl des Substantivs

- Alle Plurale werden entweder auf -en oder -er gebildet.
- Die meisten einsilbigen Wörter, die männlich/sächlich sind, bilden ihren Plural auf -er (d'Better).
  Ausnahme: e Vull – d'Vullen (m)
- Eine Reihe von Substantiven bilden ihren Plural durch Umlaut.
- Fast alle weiblichen Substantive bilden ihren Plural auf -en.
- Da wir die deutsche Pluralbildung ›s‹ nicht kennen, bilden wir die Mehrzahl der mit einem Vokal endenden Begriffe mit der Endung -en (d'Bomaen, d'Pizzaen).

Einige Endungen und ihr Plural
-iker, Endung bleibt unverändert
-ercher, elcher: d'Kënnercher, d'Kichelcher
-chen, Verkleinerungsform im Plural:
-ësch, Endung: -er (d'Dëscher aber d'Fësch)
-ouer, bildet ihren Plural oft auf éier (Paschtéier, Chéier)
Ausnahme: d'Houeren

Einige ›unregelmäßige‹ Plurale oder Purale mit Umlaut

den Aarm – d'Äerm	den Apel – d'Äppel
de Bam – d'Beem	d'Bild – d'Biller
d'Blad – d'Blieder	de Bou – d'Béi
d'Buch – d'Bicher	den Daach – d'Diecher
den Dag – d'Deeg	den Drot – d'Dréit
e Flou – d'Fléi	de Fouss – d'Féiss
d'Hand – d'Hänn	d'Haus – d'Haiser
den Hond – d'Hënn	d'Hong – d'Hénger
den Hutt – d'Hitt	d'Kand – d'Kanner
d'Kou – d'Kéi	d'Kraaft – d'Kräften
e Krou – d'Kréi	de Kuerf – d'Kierf
de Mann – d'Männer	de Mount – d'Méint
den Nol – d'Neel	den Numm – d'Nimm
de Rouer – d'Réier	de Stull – d'Still
den Tuerm – d'Tierm	d'Wuert – d'Wierder ... asw.

Bemerkung

- Einige Substantive haben sowohl in der Einzahl als auch in der Mehrzahl dieselbe Form.
  eng/d'Strëmp – e/d'Schong – e/d'Been – e/d'Réi
- Das -n im Dativ Plural ist im Luxemburgischen nicht vorhanden!

c) Die Deklination des Substantivs

Während der Deutsche vier Fälle unterscheidet: **Nominativ, Genitiv, Dativ, Akkusativ** unterscheidet der Luxemburger eigentlich nur drei Fälle. Im Luxemburgischen gibt es nämlich keinen Genitiv: er wird durch den sogenannten Genitivus possesivus ersetzt. Man kann aber auch die Umschreibung mit ›vun + Dativ‹ gebrauchen.

Beispiel: *Der Hut meines Vaters* = mengem Papp säin Hutt *(meinem Vater sein Hut)*
den Hutt vu mengem Papp (Umschreibung mit von)

Im Luxemburgischen gibt es keinen Unterschied zwischen Nominativ und Akkusativ. So ist vor allem die Stellung und Betonung der Nomen wichtig. Während der Deutsche sowohl ›Der Vater trägt den Sohn.‹ als auch ›Den Sohn trägt der Vater.‹ sagen kann, ist dies dem Luxemburger nicht möglich, denn sagt er ›De Bouf dréit de Papp.‹, könnte dies auch mal falsch verstanden werden.

Singular			
	männlich *Mann*	*weiblich* *Fra*	*sächlich* *Kand*
Nominativ	de Mann	d'Fra	d'Kand
Dativ	dem Mann	der Fra	dem Kand
Akkusativ	de Mann	d'Fra	d'Kand
Plural			
Nominativ	d'Männer	d'Fraen	d'Kanner
Dativ	de Männer	de Fraen	de Kanner
Akkusativ	d'Männer	d'Fraen	d'Kanner

4 Das Pronomen

a) Das Personalpronomen

Nominativ	Dativ	Akkusativ	
ech	mir	mech	
du	dir	dech	
hie(n)*	him**	hie(n) ***	
mir	eis (ons)	eis (ons)	
dir	iech (äerch)	iech (äerch)	
si	hinnen	si	
Dir	lech	lech	(Höflichkeitsform)

Der Genitiv, den es in dieser Form gibt, der aber – wie im Deutschen – äußerst selten ist, lautet:
menger – denger – senger – eiser – ärer – hirer

** Sächliche Form ›et‹ (es) – weibliche Formen ›hatt‹ oder ›si‹ (sie). ›Hatt‹ gebrauchen wir, wenn wir die genannte Person gut kennen oder es sich noch um ein junges Mädchen handelt. ›Si‹ ist höflicher und drückt eine gewisse Distanz oder Respekt gegenüber der anderen Person aus (Mutter).*
*** hatt = him, si = hir, et = him*
**** hatt = hatt, si = si, et = et*

b) Das Possessivpronomen

männlich	weiblich	sächlich	Plural
mäin	meng	mäin	meng
däin	deng	däin	deng
säin*	seng	säin	seng
eisen**	eis	eist	eis
ären	är	äert	är
hiren	hir	hiert	hir

** weiblich si = hiren hatt = säin*
*** hier gibt es auch die Form: onsen*

Deklination des Possessivpronomens
männlich: mäin – mengem – mäin (N – D – A)
weiblich: meng – menger – meng (N – D – A)
sächlich: mäin – mengem – mäin (N – D – A)
Plural: meng – menge(n) – meng

Beispiel: Mengem Kand seng Popp ass futti.
Die Puppe meines Kindes ist kaputt.

Säi Papp sot (zu) denger Mamm, ...
Mein Vater sagte zu deiner Mutter, ...

Die Höflichkeitsform lautet:
männlich: Äre Papp – Ärem Papp
weiblich: Är Mamm – Ärer Mamm
sächlich: Äert Kand – Ärem Kand
Plural: Är Kanner – Äre Kanner

c) Das Interrogativpronomen

Wien? *Wer?*
Wien huet eppes gesot? *Wer hat etwas gesagt?*

Wiem säin? *Wessen?*
Wiem säi Papp huet eppes gesot? *Wessen Vater sagte etwas?*

Wiem? *Wem?*
Wiem huet hien d'Blumme ginn?
Wem hat er die Blumen gegeben?

Wien? *Wen?*
Wien huet hie gesinn? *Wen hat er gesehen?*

d) Das Demonstrativpronomen

dësen, dës, dëst *(dieser)*

	männlich	*weiblich*	*sächlich*	*Plural*
N	dëse Mann	dës Fra	dëst Kand	dës
D	dësem Mann	dëser Fra	dësem Kand	dëse(n) ...
A	dëse Mann	dës Fra	dëst Kand	dës ...

deen ... do, déi ... do, dat ... do, déi ... hei, dat ... hei *(jener, dieser)*

	männlich	*weiblich*	*sächlich*	*Plural*
N	dee Mann do	déi Fra do	dat Kand do	déi ... do
D	deem Mann do	deer Fra do	deem Kand do	deene(n) ... do
A	dee Mann do	déi Fra do	dat Kand do	déi ... do

deejéinegen, déijéineg, datjéinegt *(derjenige)*

	männlich	*weiblich*	*sächlich*	*Plural*
N	deejéinege(n)	déijéineg	datjéinegt	déijéineg
D	deemjéinege(n)	deerjéineger	deemjéinge(n)	deejéinege(n)
A	deejéinege(n)	déijéineg	datjéinegt	déijéineg

e) Das Indefinitpronomen

keen *niemand, keiner*	een *man, jemand, einer*	jiddereen *jedermann*
näischt *nichts*	eppes *etwas*	béid *beide*
all *alle*	e puer *ein paar, einige, mehrere*	
iergendeen *irgendeiner*	vill *viele*	iergendeppes *irgendwas*

f) Das Relativpronomen

dien*, déi, dat

* *statt dien = deen*

	männlich	*weiblich*	*sächlich*	*Plural*
N	die(n)	déi	dat	déi
G	diem säin	deer hire(n)	deem säin	deenen hire(n)
D	diem	deer	deem	deene(n)
A	die(n)	déi	dat	déi

Wat / wou

- Alles, wat e schreift, muss du nokucken.
  Alles, was er schreibt, musst du überprüfen.
- Ech fuere gären a Brasilien, wou ech gebuer sinn.
  Ich fahre gerne nach Brasilien, wo ich geboren bin.

Des Weiteren gibt es: woufir (wofür) – woumat (womit) – wouran (worin) – wouraus (woraus) – …

5 Die Präposition

Die Präposition zeigt uns, in welchem Verhältnis Wesen oder Dinge zueinander stehen. Sie können Raum-, Zeit-, Modal- oder Kausalverhältnisse ausdrücken.

Dativ mit ›vum‹ (= ›vun dem‹) – ›vun der

wäit ewech vun *weit weg von*	zu Gonschte vun *zu Gunsten von*	amplaz vun *statt*
un Hand vun *an Hand von*	ob Grond vun *auf Grund von …*	mangels (v)un *mangels an*

Dativ

zu	dank	matten *mitten*		wéint *wegen*
aus	während	entgéint *entgegen*	no *nach*	mat *mit*
ausser	trotz	géintiwwer *gegenüber*	vun *von*	zënter/zanter *seit*

Präpositionen mit Dativ oder Akkusativ*

an *in*	hannert *hinter*	niewent/nieft *neben*	ënnert *unter*	
op *auf*	tëschent *zwischen*	iwwert *über*	virun *vor*	bei *zu/bei*

** Verb der Bewegung (Füße, Transportmittel) in Richtung von etwas (richtungsanzeigend) + Akkusativ, ansonsten im Dativ (so auch im Deutschen)*

Folgt einem Verb der Bewegung eine Präposition, so sollten wir folgende Aspekte beachten:

- Städte und Institutionen: **op**
  Ech ginn nach op d'Uni. *Ich gehe noch zur Uni.*
  Ech fueren op Tréier. *Ich fahre nach Trier.*
  Ech fléien op New York. *Ich fliege nach New York.*
  Ech fueren op d'Gare, d'Post, d'Gemeng, ...

Ech fueren op Tréier.

- Länder, Gebäude, Täler:
  a(n) + Akkusativ
  Ech fueren an Däitschland. *Ich fahre nach Deutschland.*
  Ech ginn an d'Schoul. *Ich gehe zur Schule.*
  Ech fueren an de Sauerdall. *Ich fahre ins Sauertal.*

- Berufsgruppen: **bei** + Akkusativ
  Ech gi bei de Metzler. *Ich gehe zum Metzger.*
  Ech gi bei de Paschtouer. *Ich gehe zum Pfarrer.*

Folgt einem Verb (ohne Bewegung) eine Präposition mit einer Standortangabe, so beachten wir:

- Städte: **zu**
  Ech wunnen zu Tréier (in Trier und Umgebung).
  Ausnahme: Ech wunnen an Tréier (in Trier Zentrum).

- Länder, Gebäude:
  an + Dativ
  Ech wunnen an Däitschland. Ech sinn an der Schoul.

- Institutionen: **op**
  Ech sinn op der Uni. – Ech ginn nach op d'Uni.
  (= im Sinne von: ich studiere noch)

- Berufsgruppen: **bei**
  Ech si bei dem Metzler.

An verschiedenen Orten kann man nur **an** wohnen, so wenn der Ort anzeigt, dass er in einem Tal oder ›Loch‹ liegt.
(Beispiel: am Metzerlach, am Uelzechtdall, ...)

An verschiedenen Plätzen kann man nur **um** oder **op** wohnen, weil es sich um einen Berg, eine Erhöhung handelt.
(Beispiel: um Kierchbierg, op dem Kierchbierg, um Zolwerknapp, op dem Zolwerknapp)

- Adjektive/Verben mit Präpositionen können zum größten Teil ohne weitere Probleme vom Deutschen abgeleitet werden. (Beispiel: *neidisch sein auf* – jalous sinn op, *sich für etwas interessieren* – sech fir eppes intresséieren)

- Unterschiedliche Übersetzungen:
  während des Essens, iwwert dem Iessen
  seit einigen Tagen, zënter e puer Deeg
  vor Angst zittern, vrun Angscht zidderen
  zum Geburtstag gratulieren, fir de Gebuertsdag gratuléieren.

Iwwert dem Iessen …

6 Das Adjektiv

Das Adjektiv beschreibt und charakterisiert ein Wesen, ein Ding oder einen Vorgang näher. Was die Verwendung des Adjektivs betrifft, so gibt es eigentlich keinen Unterschied zum Deutschen. Deswegen soll hier sofort auf die Deklination des Adjektivs eingegangen werden.

a) Die Deklination des Adjektivs

Im Luxemburgischen unterscheiden wir nicht zwischen schwacher und starker Deklination der Adjektive.

	männlich	*weiblich*	*sächlich*	*Plural*
N	-e(n)	-/	-t	-/
D	-e(n)	-er	-e(n)	-e(n)
A	-e(n)	-/	-t	-/

Beispiel:

	männlich	*weiblich*	*sächlich*	*Plural*
N	e schéine Mann	eng schéi Fra	schéint Kand	schéi Fraen
D	engem schéine Mann	enger schéiner Fra	engem schéine Kand	schéine Fraen
A	e schéine Mann	eng schéi Fra	e schéint Kand	schéi Fraen

PASS OP!

Das Adjektiv bleibt unverändert, wenn es adverbial oder prädikativ gebraucht wird.

Beispiel:
adverbial –
De Mann séngt schéin.
prädikativ –
De Mann ass schéin.

b) Die Steigerung des Adjektivs

Positiv

Ein Merkmal ist bei verschiedenen Wesen/Dingen im gleichen Maße vorhanden.

grad (e)sou – (e)wéi, (e)sou – (e)wéi, genee (e)sou – (e)wéi – net (e)sou – (e)wéi, manner – (e)wéi

Beispiel: Hien ass grad esou gutt, ewéi säi Frënd.
Hien ass net esou gutt, ewéi säi Frënd.

Komparativ
Ein Merkmal ist bei einem Wesen/Ding stärker vorhanden als bei einem anderen.
méi – (e)wéi
Beispiel: Hien ass méi grouss, ewéi säi Frënd.
Méi domm geet et ower wierklech net.

Superlativ
Ein Merkmal ist bei einem Wesen/Ding im Vergleich zu anderen in höchstem Maße vorhanden.

-ste
Beispiel: de schéinste Moment, déi léifste Wënsch

am … -sten
Beispiel: Um Camp bei de Scouten war et am schéinsten.

Bemerkung, Ausnahmen
gutt, besser, am beschten
grouss, méi grouss, am gréissten
(weitere Steigerungen:
-gär, léiwer, am léifsten
-vill, méi, am meeschten
-wéineg, manner, am mannsten)

Wird das Adjektiv attributiv gebraucht (steht es also vor einem Substantiv), kann die Steigerung mit ›méi‹ wegfallen und wird durch -er ersetzt.
Beispiel: e schéinere Mann, eng eeler Fra, en deirere Mantel …
Adjektive auf -er und -el verlieren dabei meistens ein ›e‹.

Adjektive mit Dativ
ähnlech – friem – schiedlech – egal – trei – nëtzlech – no – sëcher – bewosst – gewëss – …
Beispiel: Dat ass senger Gesondheet schiedlech.

7 Die Konjunktion

Sie verbindet Sätze oder Wortgruppen oder stellt Beziehungen zu ihnen her.

- kausal: well, *weil*
- konditional: wann, *wenn*
- konzessiv: obwuel, *obwohl*
- temporal: zanter, *seit* – nodeems, *nachdem* – ier, *bevor* – wärend, *während* – bis, *bis* – soubal, *sobald* – wéi, *als*
- modal: andeems, *indem*
- final: fir datt, *damit* – fir … ze, *um … zu*
- weitere Konjunktionen: an, *und* – mee, *aber* – ower, *aber*
- net nëmmen … mee och, *nicht nur … sondern auch* – souwuel … ewéi och, *sowohl … als auch* – weder … nach, *weder … noch*
- datt, *dass* – dofir / dowéinst, *deswegen* – ouni … datt, *ohne … zu*

8 Das Adverb

Wir unterscheiden Adverbien:

a) des Ortes (hei, do, uewen, iwwerall, …)
b) der Zeit (haut, elo, gëschter, ëmmer, dack, …)
c) der Art und Weise (gären, och, dach, …)
d) des Grundes (dovun, doduerch, dozou, …)
e) der Beziehung (wou, wouhin, wéi, …)
f) der Umstände nach denen man fragt (firwat, …)

Einige Adverbien können gesteigert werden:

gäre – léiwer – am léifsten
vill – méi – am meeschten
wéineg – manner – am mannsten
wuel – wueler – am wuelsten *(besser)*

9 Das Numerale

a) Die Kardinalzahlen*

eent – *eins*	zwee – *zwei*
dräi – *drei*	véier – *vier*
fënnef – *fünf*	sechs – *sechs*
siwen – *sieben*	aacht – *acht*
néng – *neun*	zéng – *zehn*
eelef – *elf*	zwielef – *zwölf*
dräizéng – *dreizehn*	véierzéng – *vierzehn*
foffzéng – *fünfzehn*	siechzéng – *sechzehn*
siwwenzéng – *siebzehn*	uechtzéng – *achtzehn*
nonzéng – *neunzehn*	zwanzeg – *zwanzig*
eenanzwanzeg – *einundzwanzig*	
zweeanzwanzeg – *zweiundzwanzig*	
drësseg – *dreißig*	véierzeg – *vierzig*
foffzeg – *fünfzig*	siechzeg – *sechzig*
siwwenzeg – *siebzig*	achtzeg – *achtzig*
nonzeg – *neunzig*	*honnert* – *hundert*

Beispiel:
695 = sechs-honnert-fënnef-an-nonzeg

b) Die Ordinalzahlen

éischtens, zweetens, drëttens, véiertens, fënneftens, sechstens, siwentens, aachtens, néngtens, zéngtens, eeleftens, zwieleftens, dräizéngtens, ...

den éischten – déi éischt – dat éischt
den zweeten – déi zweet – dat zweet ...

** Für die Zahlen ›eins‹ und ›zwei‹ gibt es auch eine weibliche Form:*
eent – eng, ee Mann, eng Fra
zwee – zwou, zwee Männer, zwou Fraen

Allgemeines

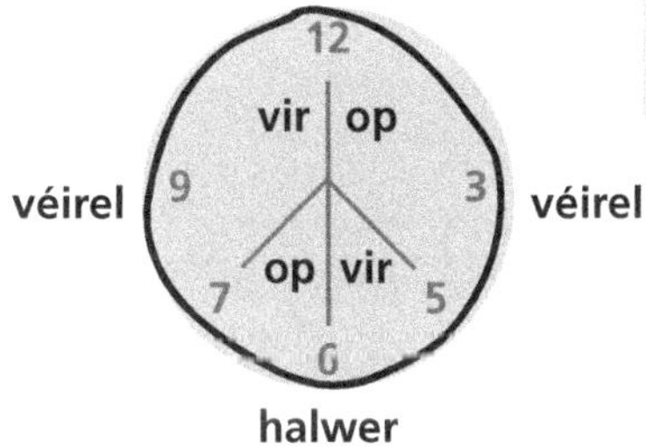

a) Die Zeit

Die Uhr

Der Luxemburger zählt bei der Uhr nur bis zwölf (der Deutsche bis vierundzwanzig). Somit ist 13 Uhr wieder 1 Uhr im Luxemburgischen 13^{15} Uhr = véirel op eng.

Beispiele mit weiteren Besonderheiten:

17^{25} Uhr = fënnef vir halwer sechs

17^{35} Uhr = fënnef op halwer sechs, 10^{15} Uhr = véirel op zéng,

10^{45} Uhr = véirel vir eelef

Die Wochentage

Méinden oder Méindeg
Dënschden oder Dënschdeg
Mëttwoch
Donneschden oder Donneschdeg
Freiden oder Freideg
Samschden oder Samschdeg
Sonnden oder Sonndeg
(méindes, dënschdes, mëttwochs, ...)

Die Monate

Haartmount – Januar
Spiirkel – Februar
Aussenzäit oder Lenz – Mäerz
Ouschtermount oder Fréileng – Abrëll
Päischtmount – Mee
Broochmount – Juni
Heemount – Juli
Karschnatz – August
Hierschtmount – September
Wäimount – Oktober
Allerhelljemount – November
Chrëschtmount – Dezember

Die Jahreszeiten

den Hierscht, de Wanter, d'Fréijoer, de Summer

Spezielle Namen für verschiedene Tage im Laufe des Jahres

Wanter

Hierscht

Neijooschdag	*Neujahr (1. Januar)*
Dräikinneksdag	*Heilige Drei Könige (6. Januar)*
Liichtmëssdag	*Mariä Lichtmess (2. Februar)*
Feltesdaag	*Valentinstag (14. Februar)*
Fetten Donneschten	*Altweiberfastnacht*
Fuessonndeg	*Fastnachtssonntag*
Fuesméindeg	*Rosenmontag*
Äschermëttwoch	*Aschermittwoch*
Buergsonndeg	*1. Fastensonntag*
Bounesonndeg	*2. Fastensonntag*
Krounesonndeg	*3. Fastensonntag*
Halleffaaschten (auch Bretzelssonndeg)	*4. Fastensonntag*
Ellesonndeg	*5. Fastensonntag*
Pällemsonndeg	*Palmsonntag*
Gréngen Donneschten	*Gründonnerstag*
Kuerfreideg	*Karfreitag*
Ouschteren	*Ostern*
Wäissen Ouschteren	*Weißer Sonntag*
Päischten	*Pfingsten*
Gehaansdag	*Johannistag 23. Juni*
Krautwëschdag	*Mariä Himmelfahrt (15. August)*
Allerhelljen	*Allerheiligen (1. November)*
Allerséilen	*Allerseelen (2. November)*
Bäerbelendag	*Barbaratag (4. Dezember)*
Niklosdag	*Nikolaustag (6. Dezember)*
Chrëschtdag	*1. Weihnachtstag (25. Dez.)*
Stiefesdag	*2. Weihnachtstag (26. Dez.)*
Kënnerchersdag	*28. Dezember*

b) Die Aussprache

a = a	b = bee	c = tsee	d = dee
e = ee	f = eff	g = gee	h = ha
i = i	j = jott	k = ka	l = ell
m = emm	n = enn	o = o	p = pee
q = ku	r = är	s = ess	t = tee
u = u	v = fau	w = wee	x = ikks
y = igrekk, üpsilon			z = tsett

c) Die Fragewörter

Wien? *Wer?*
Firwat? *Warum?*
Woumat? *Womit?*
Woufir? *Wofür?*
Wat? *Was?*
Wouhin? *Wohin?*
Wou/Wuer? *Wo?*
Wouhir? *Woher?*
Wéini? *Wann?*
Vu Wou? *Von Wo?*
Wéisou? *Wieso?*
Wéivill? *Wieviel?*

d) Die Negation

net *nicht*

Steht normalerweise vor dem Verb und negiert dies.
Statt ›net‹ wird vielerorts auch ›nitt‹ gesagt.
Beispiel: Ech ginn haut net an de Kino.

keen *niemand*

(Kann im Luxemburgischen u. a. ›niemand‹ bedeuten.)
Beispiel: Ech hu keen am Auto gesinn (A). – *Ich habe niemanden im Auto gesehen.*
Ech hu kengem eppes gesot (D). – *Ich habe niemandem etwas gesagt.*

keen / keng *kein / keine / keiner …*

Steht vor einem Substantiv.

	männlich	*weiblich*	*sächlich*	*Plural*
N	kee(n)	keng	kee(n)	kenge(n)
D	kengem	kenger	kengem	kenge(n)
A	kee(n)	keng	kee(n)	kenge(n)

Beispiel: Ech hu kee Schokela giess.

ni *nie*

Beispiel:
Ech ginn ni an d'Kierch, ech bleiwe Sonndes léiwer am Bett.

néierens *nirgends / nirgendwo*

Beispiel: Ech ginn haut néierens, ech si krank.

näischt *nichts*

Beispiel: Ech hunn näischt giess, ech maachen Diät.

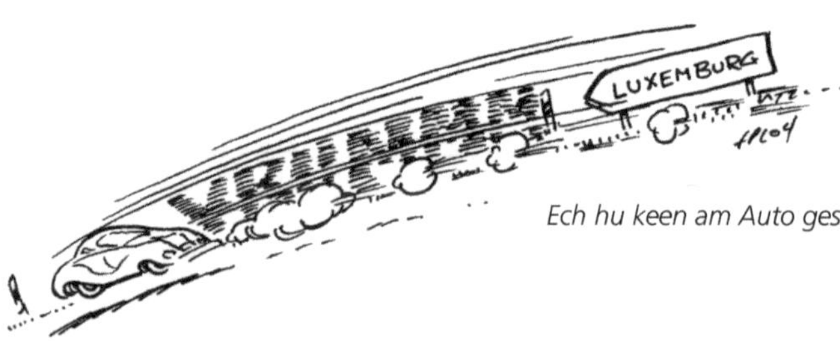

Ech hu keen am Auto gesinn

e) Richtungen und Wegbeschreibungen

no lénks – *nach links*	no riets – *nach rechts*
no hannen – *nach hinten*	no vir – *nach vorn*
no ënnen – *nach unten*	no uewen – *nach oben*
niewent – *neben*	géintiwwer – *gegenüber*
hannert – *hinter*	
virun/vrun – *vor*	z(e)réck – *zurück*
erop – *nach oben*	erof – *nach unten*
laanscht – *entlang*	
bei – *bei/zu*	no bei – *nah an*
riichtaus – *geradeaus*	
ëm d'Kéier – *um die Ecke (Kurve)*	
ëm den Eck – *um die Ecke*	
un der Kräizong – *an der Kreuzung*	
bei de Luuchten – *an den Ampeln*	
d'Strooss – *Straße*	d'Gässel – *enge Gasse*
de Feldwee – *Feldweg*	d'Autobunn – *Autobahn*
d'Sortie – *Ausfahrt*	d'Landstrooss – *Landstraße*

f) Maße und Gewichte

e Gramm	*ein Gramm*
en halleft Pond	*zweihundertfünfzig Gramm*
e Pond	*fünfhundert Gramm*
e Kilo	*eintausend Gramm*
en Zenner	*fünfzig Kilo*
eng Tonn	*eintausend Kilo*
e véirels Liter	*ein Viertel Liter*
en halwe Liter	*ein halber Liter*
e Liter	*ein Liter*
eng hallef Dosen	*sechs (ein halbes Dutzend)*
eng Dosen	*zwölf (ein Dutzend)*
anerhallef Dosen	*achtzehn (eineinhalb Dutzend)*

Weitere Begriffe, die man kennen sollte um Mengen auszudrücken

Gudde Moien

e bëssen (bëssi)	*ein wenig*
e bësse méi	*ein wenig mehr*
net zevill	*nicht zuviel*
eppes méi	*ein wenig mehr*
e wéineg	*ein wenig*
e Koup	*ein Haufen*
eng Grimmel	*ein wenig*
nach eent	*noch eins*
et ass gutt	*es genügt*
et ass méi wéi genuch	*es ist mehr als genug*
et geet duer	*es genügt*
eng Rëtsch Fläschen	*eine Menge Flaschen*
e puer	*einige*
eng abberzuel Fläschen	*eine Menge Flaschen*

g) Die Farben

rout – *rot*	giel – *gelb*	blo – *blau*
gréng – *grün*	brong – *braun*	mov – *lila*
wäiss – *weiß*	schwaarz – *schwarz*	gro – *grau*
sëlwer – *silbern*	gëllen – *golden*	

Alle anderen Farben werden wie im Deutschen ausgedrückt.

hell – *hell*	däischter – *dunkel*
unis – *einfarbig*	faarweg – *bunt*
bloelzeg – *bläulich*	gréngelzeg – *grünlich*
gepiirpelt – *gepunktet*	getëppelt – *gepunktet*
gesträift – *gestreift*	geblimmelt – geblümt

h) Die Floskeln

Gudde Moien	*guten Tag*
Gudde Mëtteg	*Mittag*
Gudden Owend	*guten Abend*
(Gutt) Nuecht	*gute Nacht*
Äddi	*Auf Wiedersehen*
Salut	*Hallo / Tschüss*
Awar	*Tschüss*
dajee	*mach schneller*
Gudden Appetit	*Mahlzeit*
Wéi geet et?	*Wie steht's?*
Bis mar	*bis morgen*
gell	*bei Fragen*
jo	*ja*
neen	*nein*
maja	*naja*
wann ech glift	*bitte*
Merci	*Danke*
t'ass gär geschitt	*keine Ursache*
entschëllegt	*Entschuldigung*
dajee alt	*meinetwegen*
Gottseendech	*Gesundheit*
Gesondheet	*Gesundheit*
nawell	*Füllwort*

Wortschatz

Begriffe

Die luxemburgische Sprache besaß lange Zeit über die Möglichkeit, eigene Wörter zu bilden. Leider scheint ihr diese Fähigkeit heute abhanden gekommen zu sein. Einer der letzten, neu entstandenen Begriffe, der sich im Sprachgebrauch aber nicht durchsetzen konnte (wobei es sich auch nur um eine Übersetzung ins Luxemburgische handelt), ist: Stëbssuckler (Staubsauger)

de Blechschléier	*der Klempner*
de Boxekueder	*der Hosenschlitz*
d'Brëllescheek	*das (Brillen)futteral*
de Fuesbänndchen	*die Papier-/Luftschlange*
de Gromperekichelchen	*der Kartoffelpuffer*
d'Ham	*der Schinken*
d'Himmelsdéierchen	*der Marienkäfer*
d'Kachmaschinn	*der Herd*
d'Kierbiischt	*der Besen*
d'Kréienan	*das Hühnerauge*
de Präbbeli	*der Regenschirm*
de Schongstréckel	*der Schnürsenkel*
d'Streckeisen	*das Bügeleisen*
den Humpen	*ein Glas Bier vom Fass*
den Heeschemann	*der Bettler*
d'Läinzeeschen	*die Narbe*
d'Knëppelsteng	*das Hagelkorn*
de Späizmännchen	*die Wunderkerze*
d'Lued	*der Sarg*
den Eil	*der Aal*
de Benefice	*der Reingewinn*
de pickegen Drot	*der Stacheldrahtzaun*

Uebst a Geméis

den Apel/d'Äppel	*der Apfel*
d'Bir/d'Biren	*die Birne*
d'Bananen/d'Bananen	*die Banane*
d'Piisch/d'Pigen	*der Pfirsich*
d'Kiischt/d'Kiischten	*die Kirschen*
d'Käscht/d'Käschten	*die Kastanien*
d'Päerdsbier/d'Päerdsbieren	*die Brombeere*
d'Äerdbier/d'Äerdbieren	*die Erdbeere*
d'Hambier/d'Hambieren	*die Himbeere*
d'Molbier/d'Molbieren	*die Heidelbeere*
d'Drauf/d'Drauwen	*die Traube*
d'Promm/d'Prommen	*die Pflaume*
d'Schësserprëmmecher	*Pflaumenart*
d'Schléif/d'Schléiwen	*die Schlehe*
den Hielänner	*der Holunder*
d'Réngglott/d'Réngglotten	*die Reineclaude*
d'Kréischel/d'Kréischelen	*die Stachelbeere/Johannisbeere*
d'Noss/d'Nëss	*die Nuss*
d'Boun/d'Bounen	*die Bohne*
de Brocchelchen/ d'Brocchelcher	*der Rosenkohl*
d'Ierz/d'Ierzen (Ierbëssen)	*die Erbse*
d'Porett/d'Poretten	*der Lauch*
de Péiterséileg	*die Petersilie*
d'Bratzel/d'Bratzelen	*der Schnittlauch*
de Kabes	*der Kohl*
d'Rommel/d'Rommelen	*die Rübe*
rout Rommelen	*rote Beete*
d'Cornichong/d'Cornichongen	*die Gurke*
d'Gromper/d'Gromperen	*die Kartoffel*
d'Zalot/d'Zaloten	*der Salat*
de Choufleur	*der Blumenkohl*
d'Muert/d'Muerten	*die Möhre*
d'Wuerzel/d'Wuerzelen	*die Möhre*

de Knuewelek	*der Knoblauch*
d'Zwiwwel/Zwiwwelen, Enn/Ennen	*die Zwiebel*

Beim Bäcker

d'Brout	*das Brot*
d'Bréitchen/d'Bréidercher	*das Brötchen*
de Kichelchen/d'Kichelcher	*der Keks*
d'Taart/d'Taarten	*die Torte*
de Kuch/d'Kuchen	*der Kuchen*
d'Mëtsch/d'Mëtschen	*das Teilchen*
de Petit Four/d'Petit-Fouren	*das Feingebäck*
de Schokela	*die Schokolade*
d'Baguette/d'Baguetten	*das Baguette*
de Croissant/d'Croissanten	*das Croissant*
d'Knippchen/d'Knippecher	*die Praline*

Eng Rei Géigendeeler

kleng/grouss – *klein/groß*	déck/dënn – *dick/dünn*
hell/donkel – *hell/dunkel*	hell/däischter – *hell/dunkel*
héich/déif – *hoch/tief*	
flott (schéin)/ellen – *schön/hässlich*	
séier/lues – *schnell/langsam*	haart/lues – *laut/leise*
lëschteg/traureg – *lustig/traurig*	
gutt/schlecht – *gut/schlecht*	
knaschteg/propper – *schmutzig/sauber*	
naass/dréchen – *nass/trocken*	
krank/gesond – *krank/gesund*	futti/ganz – *kaputt/ganz*
waarm/kal – *warm/kalt*	gliddeg/äiseg – *heiß/eisig*
laang/kuerz – *lang/kurz*	doudeg/lieweg – *tot/lebendig*
mëll/haard – *weich/hart*	voll/eidel – *voll/leer*
enk/weit – *eng/weit*	schmuel/breet – *schmal/breit*
liicht /schwéier – *leicht/schwer*	
jonk/al – *jung/alt*	

deier / bëlleg – *teuer / billig*	gescheit / domm – *klug / dumm*
aarm / räich – *arm / reich*	
liddereg / (äerdeg) fläisseg – *faul / fleißig*	
liicht / schwiereg – *leicht / schwierig*	
léif / béis – *lieb / böse*	
faarweg / unis (schwaarz-wäiss) – *farbig / einfarbig*	
uewen / ënnen – *oben / unten*	erop / erof – *rauf / runter*
vir / hannen – *vorne / hinten*	wéineg / vill – *wenig / viel*
lénks / riets – *links / rechts*	
driwwer / drënner – *drüber / drunter*	
no / wäit – *nahe / entfernt*	
dobannen / dobaussen – *drinnen / draußen*	
op / zou – *offen / geschlossen*	

Hei e puer Beruffer zu Lëtzebuerg

An dieser Stelle sollen nur die Berufe erwähnt werden, die sich grundlegend vom Deutschen unterscheiden.

den Affekot	*der Anwalt*
de Blechschléier	*der Klempner*
de Comptabel	*der Buchhalter*
den Débosseleur	*der Kraftfahrzeugspengler*
den Dierwieschter	*der Gerichtsvollzieher*
de Gestionnaire	*der Verwalter*
de Giischtgen	*der Gefängniswärter*
de Greffier	*der Gerichtsschreiber*
de Gynecologue	*der Frauenarzt*
d'Hiewam	*die Hebamme*
de Huissier	*der Amtsdiener*
den Infirmier	*der Krankenpfleger*
den Instrukter	*der Ausbilder*
de Magasinier	*der Lagerverwalter*
de Momper	*der Vormund*
de Procureur	*der Staatsanwalt*
de Sommelier	*der Kellermeister*
de Stagiaire	*der Praktikant*

Fluchen auf Luxemburgisch

Rose sinn (sich ärgern)

Nondijëft – Krenondijëft – Krënonzeng am Schaf
Nondikass – Krenondikass – Hackerstiwwel a keen Enn
Nonidschö

Schimpfwörter

Hennes – Toopert – Dabo – Dëlpes – Staaches – Dräibiz – Efalt
Knaschtert – Drecksak – Vullemetti – Aaschmetti – Tutebatti
Häipi – al Quissel – geckegt Hinkel – Seechert – Jeeckel – Quetsch
Krappschass – schiele Nicki – Fléipéiter – Säckträger – Blani
Kréischel – Klautgen – Ierbëssenzieler – Flantes – Frippchen
Boxeschësser – Ientebinnert – Buuschtebënner – Klatzkapp
Granzert – Granzkätt – knaschteg Louder

Zum Schluss noch

Leck mech do, wou d'Kaz keng Hoer huet!
Wiers de gutt do, wou de Peffer wiisst!
Rutsch mer de Bockel erof!
Klibber mech!
O freck dach!

Natürlich gibt es auch Schimpfwörter aus dem Französischen (merde alors – zut – …) und auch deutsche Schimpfwörter und Tiernamen erfreuen sich größter Beliebtheit, wobei natürlich dann die luxemburgische Aussprache etwas anders ausfällt (Schäiss, Kräizdonnerwieder, …)

Lëtzebuerger Iessen

Die Luxemburger essen gerne gut und viel, das kann man nicht verneinen. Auch wenn unter dem Einfluss der verschiedensten Küchen so mancher gern mal vornehm oder exklusiv speisen geht, so hat die gutbürgerliche Küche, die luxemburgische Hausmannskost nur wenig an Attraktivität eingebüßt.

Der Luxemburger beginnt das Essen am liebsten mit einer Suppe und zu jeder guten Mahlzeit gehören für ihn Kartoffeln und Brot.

Hier nun einige typische Spezialitäten oder Mahlzeiten

Fritten, Ham an Zalot	*roher/gekochter Schinken mit Pommes und Salat*
Bouneschlupp	*Bohnensuppe mit Speck, Wiener Würstchen, …*
Judd mat Gaardebounen	*geräuchertes Kammstück vom Schwein und Gartenbohnen*
Träipen	*Blutwürste*
Tiirtech	*Sauerkraut vermischt mit Kartoffelpuree und in Würfel geschnittenen Speckstückchen*
Rou-tou-tou	*Kartoffeleintopf*
Kuddelfleck	*Magenragout*
Stäerzelen	*Heidekornmehl-Knödeln*
Kniddelen	*Mehlknödeln*
Ierzebulli	*Erbseneintopf*
Hierken	*Heringe*
Wäinzoossiss	*Art Bratwurst*
Rieslingspastéit	*kalte Pastete*
Kënnbak	*Schweinekinnbacken*
Feierstengszalot	*Reste des Suppenfleisches (Rind, in Würfel geschnitten, mit Scheiben hartgekochter Eier und geschnittenen Zwiebeln, im Essig und Baumöl gedreht)*
Gelli	*Gelee mit Innereien*
Eiercher	*Kalbsnieren*
Pujhel	*Tymusdrüse des Kalbs*
Kachkéis	*Kochkäse*
Quetschekraut	*Zwetschgenmus*

D'Texter

Den Hierscht

Et wor Hierscht an d'Blieder sinn an alle Faarwe vun de Beem getrollt. A wien duerch de Park spadséiert ass, konnt och déck, brong Käschten um Buedem fannen. D'Kanner haten hir Freed drun, just déi Grouss, deenen ass dat ganzt Faarwespill vun der Natur net méi esou zu Häerze gaang. Dat huet den Hierscht rose gemaach, an hien huet sech virgeholl d'Mënschen am nächste Joer net méi esou ze verwinnen. E konnt sech nawell dru ginn, wéi hie wollt, ni war et hinne gutt genuch. Wéi e Kënschtler huet hie versicht déi schéinste Faarwen ze zauberen, hinnen déi beschte Friichten ze schenken, hinne flott an dréche Weekender ze ginn; mee ëmmer haten déi ondankbar Mënschen eppes auszesetzen, ëmmer waren déi aner Joreszäite méi interessant: entweder war d'Wieder ze schlecht, et war ze kal, zevill Niwwel, dann erëm huet et fir d'Drauwen zevill gereent an d'Bëscher ware voll Bulli. Jee et war hinnen ni gebroden. An dann hu se och nach geschwäermt vum Fréijoer, vum Summer a vum Wanter.

Munchmol huet den Hierscht sech gefrot, ob d'Mënsche menge géifen, hie wier daf. Gutt haart hu si iwwert déi vill Sonn am Summer geschwäermt, wéi si um Mier an der Wakanz waren an d'Waasser genoss hunn. Wat konnt hien dann dofir, datt en de schwaarze Péiter deemools gezunn hat, an elo huet dofir suerge missen, datt d'Natur sech schlofe leet, wann hie kënnt. En huet héieren, wéi se vum Wanter gedreemt hunn. Wéinstens géint deen hat e gehofft besser ofzeschneiden. Mee de Schnéi huet d'Leit faszinéiert: wéi schéin dann alles ass, wann eng wäiss Decken d'-Natur nei akleed an datt et gutt ass fir d'Natur, fir datt d'Insekten net iwwerhand huelen. Datt et ouni hien, den Hierscht, déi Zäit net kéint ginn, dorun huet kee geduecht.

An dann d'Fréijoer, dat huet en am meeschte gehaasst. Wéi dat sou schéi wier, wat fir e flott Faarwebild d'Natur ofgëtt, wa se an der Bléi steet. Déi ganz Schéinheet vun deer Zäit hunn d'Leit bis an den Himmel gelueft. Dann hätt hie kéinte platze vu Roserei. Wéi wann hien dat net och kéint! Huet hien hinnen net och eng faarweg Natur geschenkt?

»Domadden ass elo Schluss, d'nächst Joer wäert dir nach all domm kucken. Da weisen ech iech, datt ech d'Welt och ganz aneschters kann ausgesi loossen«, huet hie gejaut. Mee wat fir e Mënsch héiert schonns, wann den Hierscht schwätzt oder jäizt. Se hu just geflucht a gehofft de Stuerm géif gläich noloossen, ma verstanen hu se kee Fatz.

An esou ass e Joer vergaang. Keen huet un den Hierscht geduecht a jiddereen huet de Wanter am Schnéi, d'Fréijoer an der Bléi an de Summer um Séi genoss, bis et erëm esou wäit war an den Hierscht sech ugekënnegt huet. D'Schoulen hunn erëm ugefaang an d'Kanner wore granzeg, den Erwuessenen ergong et net vill besser: dat esou fréi däischter ginn huet der vill dépriméiert an den Hierscht, hien hat säi Verspriech vum leschte Joer net vergiess. En hat sech geschwuer, datt d'Mënschen en elo emol richteg kenneléiere sollten. An esou wor et och: de ganzen Hierscht iwwer huet een op der Äerd näischt aneschters gesinn ewéi: Niwwel, Reen, Knascht, schwaarz Wolleken, ... Wat nach op de Felder stong ass futti gaang, d'Friichte sinn un de Beem an um Buedem verfault, well kee se oprafe konnt, d'Blieder wore schonns Matsch, ier se iwwerhaapt eng aner Faarw kréie konnten, d'Käschte sinn net opgeraf ginn, d'Uebst an d'Geméis wore sou deier ewéi nach ni a vill Fester goufe schonns guer net opgeriicht, well dach kee komm wier. Am Ufank hunn d'Leit gehofft, dunn hu se geflucht an zum Schluss hu se vun der gudder aler Zäit geschwat, wéi den Hierscht sech an all senger Pruecht gewisen huet. Obeemol hu se och d'Schéinheete vum Hierscht entdeckt. Si hunn ugefaang den Hierscht mat ganz aneren Aen ze gesinn, ewéi bis elo a si hu

sech virgeholl, net méi esou vill ze meckeren, wann de Summer eriwwer wier, well och den Hierscht hätt jo seng schéi Säiten.

Den Hierscht hat säin Ziel erreescht an am folgende Joer huet hien de Mënschen en Hierscht geschenkt, wéi si en zanter laangem schonns net méi gesinn haten.

Mee d'Mënschen huele sech oft gutt Virsätz. Ob dësen hinne geléngt oder op mer erëm eng Kéier esou en Hierscht erliewe mussen, ewéi deen an dëser Geschicht, dat bleift ofzewaarden.

Den Hary vun der Patroulle Volante

Dobaussen huet d'Sonn um Himmel geschéngt, mee si huet et net méi fäerdeg bruecht, et nach wierklech waarm ze maachen. D'Kanner hunn hir T-shirten a kuerz Boxe misse géint méi waarm Saachen antauschen a sinn erëm all Daag an d'Schoul getrëppelt. Et wor also en typeschen Dag am Hierscht.

D'Käschte si vun de Beem getrollt a vun de Kanner opgeraf ginn. Blieder an alle Faarwe longen um Buedem: rouder, gieler, bronger, … . An d'Villercher, si hu sech op den Dréit versammelt fir an de Süden ze fléien.

Nëmmen den Hary a seng Frënn net. Hien ass mat hinnen iwwert d'ganzt Land geflunn an huet haart gepiipst a gekrächzt. Wann den Hary de Schniewel opgedoen huet, dann huet ee gemengt et géif eng Sireen ufänke mat haulen, esou haart konnt hie ruffen. Wann hien a seng Kollegen owes heemgeflu sinn, da ware se sou heess, datt se kee Wuert méi erauskruten.

Elo frot dir eich sécherlech: »Ma wat hunn déi Hennessen dann och esou gejaut? Se hätten hire Schniewel jo och kéinten zouhalen, dann hätt ech doheem a Rou kéinte meng Musek lauschteren a mäi Brudder fir seng Prüfung léieren.«

Mee dat geet leider net. Well den Hary a seng Frënn gehéieren zur ›Patroulle Volante‹ vun der Villerchers-Polizei. Nu géif dir gäre wëssen, wat dat ass!

Ma schonns als Kand huet den Hary dervu gedreemt, mat bei der Patroulle Volante ze fléien. D'Aufgab vun dësem Grupp ass et am Hierscht all Villercher zesummenzeruffen. All Dag flitt vun enger bestëmmter Plaz e Grupp Villecher fort géint Süden. All Grupp huet och eng aner Destinatioun. Den Hary a seng Frënn mussen dann iwwert Land fléien an deenen anere matdeelen, wat fir ee Grupp deen Dag op wat fir enger Plaz fortflitt. Da musse si derfir suergen, datt se sech versammelen och eng gewëssen Diszipline agehale gëtt. Et geet net, datt se einfach konterbont duerchenee fléien. Da flitt den Hary am grousse Bou em se a rifft: »Hey du Geisterfléier, dréin ëm a fléi an déi richteg Richtung, soss flitts de net mat.« – »An du dohannen, setz dech uerdentlech wéi all déi aner op den Drot a kuck no vir, du kriss jo näischt vun deem mat, wat däi Guide der erzielt a weist.« Virun allem musse si derfir suergen, datt déi vill Villercher roueg sinn, wann hir Guiden hinnen déi lescht Instruktioune ginn. A wann et dann esouwäit ass, datt se fortfléien, da begleeden ëmmer e puer vun der Patroulle Volante de Grupp fir ënnerwee opzepassen, datt kee verluer geet, net gestridde gëtt a fir hir Kolleege viru méigleche Geforen ze warnen.

Dir gesidd also: Member vun der Patroulle Volante ze sinn, ass eng wichteg an éierevoll Aarbescht. Den Hary – hie war et, an do drops war hie wierklech houfreg.

Sou huet den Hary och dëst Joer erëm Dag fir Dag seng Ronne gedréint. Den zweetleschten Dag ass him ower eppes geschitt, dat hat hien nach net erlieft. Wéi en zu Roudemer iwwert e Bësch geflunn ass, a gejaut huet: »..., maacht iech fäerdeg, Rendez-vous ëm siwen Auer um Drot beim Breedewee.« Dunn huet ee vun ënnen zréckgemault: »Klibber mech mol, deen elei dee bleift hei.« Een Abléck wor den Hary esou verdaddert, datt e vergiess huet mat de Flilleken ze schloen. Ma dunn ass en erof geflunn, fir sech dee freche Kärel do emol méi genee unzekucken. An do souz en dann, ewéi e Pascha an huet eng verbruete Minn gemat. Den Hary huet versicht him léif ze fléiwen, duerno huet en him gedréit a wéi alles näischt gehollef huet, huet e sech virgeholl deen ongehuwwelten Typ méi spéit mat e puer Frënn ofzehuelen.

Ma deen hat dovu sécherlech Wand kritt, a sech aus dem Stëbs gemaach. Jiddefalls wor en net um Rendez-vous an et ass och déi leschte Kéier gewiescht, datt den Hary e gesinn hat. Glécklecherweis hat en esou oniwwel Begéignongen net all Joer. Meeschtens ass dat alles ouni weider Problemer iwwert d'Bühn gaang.

Den Hary flitt dann ëmmer mat dem leschte Grupp och géint Süden. A meeschtens ass hie frou, wann et fort geet, well dacks ass et schwéngsesch kal, wa si sech endlech op de Wee maachen.

Och dëst Joer sollt et erëm esou sinn. Déi meeschte Vulle wore schonns ënnerwee, den Hary hat seng lescht Ronn um Himmel gedréint a wollt sech gemittlech op dem Wuess an engem Stater Park néierloosse fir sech nach fir déi laang Rees ze stäerken. Wéi hien iwwert de Glacis geflunn ass, huet hie sech missen iwwert d'Mënschen iergeren, déi mat hiren Autoen d'Loft verschmotzt a mat hire Stroossen de Liewensraum vun him a senge Frënn ëmmer méi ageengt hunn. Aus lauter Roserei wollt hien e klenge Vullendreck op ee vun den Autoen, déi do gefuer si, schmäissen. Leider hat hien net opgepasst an e Bus huet säi lénke Flillek erwëscht. Et huet fuerchtbar wéi gedoen an den Hary huet et nach just geschafft fir bis op den Trottoir ze fléien an hannert enger Heck ze verschwannen. Do huet hie sech dee ganze Misär ugekuckt a festgestallt, datt säi Flillek uerg verletzt wier an hien elo net méi fléie kéint. Wéi sollt hie senge Frënn Bescheed soen? Hie wosst einfach net wat hie maache sollt! Ob si nach op hie waarde géifen? Mee dat wor u sech net Usus. All Joer hu Kolleege gefeelt, wann et drëms gong fir fortzefléien: an dat hat meeschtens en traurege Grond – entweder hat eng Kaz se erwëscht oder si woren ënnert en Auto koum oder …

Ob een deen net do wor, gouf net gewaart, et hätt meeschtens kee Wäert méi gehat. Hien huet ugefaang ze kräischen an dobäi erbäermlech Geräischer gemaach. Dëst huet eist klengt Meedchen – et huet der elo 11 – héieren an hatt ass an den Hecke verschwonn. Ech hu mech nach gutt obgereescht, well wie weess a wat een do alles trëpple kann. Wéi et mech geruff an net méi labber gelooss huet, hunn ech mech alt och missen hannert d'Gesträich schloen an do souz den Hary, ze zidderen an ze jéimeren. Mir hunn en du mat heem geholl, säi Flillek versuergt a well et schonns esou spéit am Hierscht war, wéi hien erëm gesond wor, hu mer en dunn nach bis d'Fréijoer an der Scheier wunne gelooss an him all Dag e bësse Fudder laanscht bruecht. Wann ee vun eis zur Scheierdir erakoum, huet hie schonns vu Freed gepaff a koum ugeflunn. Dat wor seng Art a Weis fir eis Merci ze soen. Elo ass et erëm bal esou wäit, datt d'Vulle fortfléien, a sécherlech passt den Hary dës Kéier besser op. Deslescht wor en hei, e wollt bestëmmt Äddi soen an eis an engems seng Famill virstellen, déi sech an dësem Summer em véier kleng Villercher vergréissert hat.

Et klappt een un d'Dier

Et wor schwaarz kal dobaussen an däischter Nuecht. D'Stroosse louchen eidel a verloossen do, an et hätt emol kee sech getraut säin Hond virun d'Dier ze schécken, esou eeklegt Wieder wor et. An dach sinn an dëser Nuecht vill Leit waakreg ginn. Deenen engen hiren Hond huet matten an der Nuecht gehault oder gebillt. Ma si hunn dem Muppes da gesot, e soll roueg sinn, well si géifen net obstoen an deer Keelt. Anerer hu gemengt, de Wand deen hätt eng Lee op hirem Daach gelackert a soten zu hirer Fra : »Wann et lo rëm Fréijor gëtt, da musse mer de Leeëndecker komme loossen.«

Och an eisem Nopeschhaus goufe se des Nuecht duerch e luese Kaméidi waakreg, ma well se Kazen am Haus hunn, déi schonns méi wéi eng Kéier an der Nuecht eppes ëmgestouss haten, hu si sech weider keng Gedanke gemaach, sech emgedréint a weidergeschlof.

Och meng Elteren sinn duerch iergendeppes aus dem Schlof gerappt ginn. Mäi Papp, dee schonns ëmmer e bëssen ängstlechen Tipp war, huet sech gefrot, wat et kéint sinn. Et wor e Kaméidi, wéi wann een un d'Klappluede géif schloen. Op dat de Wand sollt sinn?

Wéi en e bëssen nogeduecht huet, dunn huet e sech erënnere missen, datt en am Summer och schonns eng Kéier en änlecht Geräisch héieren hat. Deemools wor e virun d'Dier gaangen, hat d'Luede kontrolléiert a souguer d'Haiser vun den Nopere gekuckt – net datt déi net doheem wieren, an een hinnen d'Haus géif eidel raumen. Mee näischt! Réischt e puer Deeg méi spéit, hat sech déi ganz Ugelee'enheet obgekläert: den Noper war op Moustikejuegd gaang, an all Kéiers wann hie mat der Schlapp no enger Moustik

geschloen huet, huet mäi Papp gemengt et géif een un der Dier klappen.

Mee fir esou Spillecher wor net déi richteg Joreszäit. Mäi Papp huet am Däischteren e klengen Tour duerch dat gutt geheitztend Haus gemaach, mee näischt entdeckt. En huet alt och zur Fënster rausgekuckt, mee näischt aneschters gesinn ewéi d'Nuecht. D'Lut virun eisem Haus huet schonns zanter laangem net méi fonktionnéiert an de Mound hat sech sécherlech grad hannert de Wolleke verstoppt. Am Summer hätt hien d'Dier opgemaach an och nach e klengen Tour duerch de Virgäertchen an d'Strooss gemeet, ma dofir war et elo ze kal. Sou huet e sech erëm an d'Bett geluecht an ass och gläich drop nees ageschlof.

Deen aneren Dag muss deemools grouss Opreegong an eiser Gaass gewiescht sinn. Wéi ee vun den Noperen an d'Fréimass goe wollt, ass hie praktesch iwwert en aarmen Däiwel gefall, deen do um Buedem am Schnéi long: e war erfruer.

Wéi esou eppes geschéie konnt?

De Spueren am Schnéi no, muss deen aarme Jong sech matten an der Nuecht mat leschter Kraaft an der batterer Keelt vun Haus zu Haus geschleeft hunn. Iwwerall muss hien un d'Dier geklappt gehat hunn, mee e konnt wahrscheinlech weder méi jäizen, nach haart genuch klappen. Just d'Hënn haten e geroch, ma wie lauschtert dann haut nach op säin Hond. Sou koum et, datt dee Clochard virun den Diere vun enger ganzer Strooss gestuerwen ass, well keen him opgemaach hat.

Dat wor deemools virun 10 Joer, de 25. Dezember.

Eng frech Meilchen

Meng Schwëster ass schonns mat enger frecher Meilchen op d'Welt koum. Et huet ee bal gemengt, hatt hätt schonns gewosst, datt dobaussen dräi Bridder op hatt waarden, an hatt sech vun Ufank u misst richteg duerchsetzen. Ma dat wier net néideg gewiescht, well och esou louchen déi dräi him zu Féiss an hu versicht him all Wonsch vun de Lëpsen ofzeliesen. An et huet net laang gedauert an déi kleng Knätzel wousst genee, wéi et sech misst ustellen, fir déi dräi Borschten do op Trapp ze halen. Wann hatt gejaut huet, si si gerannt. A fir Fraleit gëtt et jo näischt méi Schéines, wéi wann d'Männer wéint hirer spurten. Sou huet hatt alt méi wéi eng Doze Mol hannerteneen d'Suckel fale gelooss, fir datt si him se rëm kéinten an de Mond stiechen. Wann hinnen dat ze domm ginn ass, a se net direkt gelaf koumen, dann huet hatt eng Schëpp beigeluecht an nach méi gejaut.

Mee d'Jëfferchen ass séier méi grouss ginn, an et huet, wéi et sech sou fir e richtege Minettsdapp gehéiert, mat sengen Usiichten och net gezéckt. Et konnt emol nach keng richteg Sätz maachen, du wor schonns net méi mat him eraus ze goen.

Wéi mer eng Kéier akafe gongen, dunn héieren ech, wéi dat Klengt seet: »D'Tatta net schéin« – an et weist mat sengem Fanger op eng Fra. Ech kann lech soen, esou séier hat ech den Akaafsweenchen nach ni op eng aner Säit gedréint kritt, an ech hu mech duerch d'Bascht gemaach. Wéi mer an de Keesse stongen, du wor en eelere Mann virun eis, a wéi e wollt bezuelen, huet en eng ongelenk Beweegong gemaach a säin Toupet ass him a säin Akafsweenche getrollt. Eist Klengt huet en ee Moment verwonnert ugekuckt, an dunn an d'Hänn geklappt, an ëmmer erëm geruff:

»Monni plapla – Monni plapla« wat plakeg sollt heeschen. D'Leit ronderëm eis hu gegrinst an ech hu mech an de Buedem geschummt.

A wat et net wosst, dat gouf et geléiert, well net fir näischt hat hatt jo dräi méi grouss Bridder.

Et wonnert ee sech munchmol, wéi gutt kleng Kanner et eraus hunn, fir een dorëmmer ze blaméieren.

Sou stonge mer och emol an engem Buttek, an du koum ee vu menge fréiere Proffe laanscht. Wéi e mech gesinn huet, huet e gemengt e misst e puer Wuert mat mir schwätzen. Ech hat en zwar net grad a beschter Erënnerong, well ausser datt e mer am Latäin Daze ginn hat, hunn ech vun him net vill mat op mäi Liewenswee kritt. Virun allem wollt kee bei him an der éischter Bänk sëtzen, well e fuerchtbar no Knuewlek geroch huet. Hien hat och nach keng Minutt mat mer geschwat, wéi meng kleng Schwëster sech ebeemol d'Nues zougehal huet, an op der Plaz erëmgesprong ass a gejaut huet: Monni sténk – Monni sténk.

An ech? Ech hu séier alles geholl, eppes vu musse goen an de Bak geknoutert a fort war ech.

Et wor sécherlech net vu Muttwëll, och mir war den Otem praktesch vergaang. An dach … Ma meng Schwëster ass och haut nach esou riicht ewech ewéi deemools, an et ass net ëmmer einfach sech mat him dorëmmer ze weisen.

Den Donnerbalken

Ech weess net wat Dir gemaach hutt, wéi Der nach méi jonk woort, ma ech wor bei de Scouten. An all Joer ass et op de Campéng gaang. D'Kannerbaken hu vu Freed an Erwaardung geglënnert a mir Chefe stongen och ganz opgereegt do, well kee wosst, wat déi Woch esou alles mat sech brénge kéint.

Ech ka mech nach ganz gutt erënneren, wéi mer deemools, dat muss 1986 gewiescht sinn, eis op de Wee gemaacht hunn, fir an engem klengen Duerf am Eisleck eise Campéng ofzehalen. Zwar ware mer gutt virbereet, mer hate just vergiess ze froen, wéi et dann op dem Baurenhaff mat d'Toilette géif stoen. An der Scheier, déi mer eis séier ageriicht haten, wor zwar eng, ma déi war leider schonns no enger Stonn, wou mer do woren, verstoppt.

An dunn ass eis näischt aneschters iwwreg bliwwen ewéi en Donnerbalken ze bastelen. Iergentwou an engem Eck hu mer en ale Stull fond, deem mer de Sëtzbuedem ausgeschnidden hunn, och engem alen Eemer hu mer de Buedem erausgeholl an en dunn ënnert dem Lach vum Stull befestegt, sou datt mer en Triischter haten. Uschléissend hu mer en déift Lach an de Buedem gegruewen, de Stull driwwer gestallt, a mat Plastik – dee mer eis an der Tëschenzäit organiséiert haten – a laangen Holzebengelen hu mer dunn nach eng kleng Cabine gebaut.

Mir haten den Donnerbalken nach keng 5 Minutte gebaut, dunn ass en och schonns ageweit ginn. En huet d'Aweiung och gutt iwwerstan, ma op en zweete Benotzer huet se du laang misse waarden. Déi Konstruktioun, op déi mir sou houfreg woren, huet bei eise Kanner net deeselweschten Uklang fond, wann et drëms hirgaang ass se ze benotzen. Si si léiwer nuets heemlech iergendwou an en Eck vun der Wiss hannert der Scheier gelaf an hunn hire Kéipchen do hannerlooss, wéi sech op eise flotten Donnerbalken ze setzen, deen e bësse gewackelt huet. Ok. wann een net obgepasst huet, konnt een emol eroffalen, mee ass dat esou schlëmm?

Nujee, moies si mer dann zu zwee Chef duerch d'Wiss gelaf, hunn d'Ae wäit opgespaart, fir nëmme kee Kéipchen ze iwwersinn an och nach mat de Féiss dran ze trëllen an hunn een nom aneren dann am Buedem vergruewen. Mee Fierkele gëtt et iwwerall an esou koum et alt och vir, datt deen een oder aneren einfach an d'Entrée vun der Wiss gemaach huet, well en ze liddreg wor, fir wäit ze lafen. Den Nodeel bei deer ganzer Geschicht wor, datt deen nächste vläit buerféiss ënnerwee wor, an d'Loscht op d'Toilette ze goen, him schonns an der Entrée vun der Wiss vergaangen ass.

Deementspriechend wéi d'Trefferquote vun eise Kanner wor, huet och e fierchterleche Gestank sech an der Scheier verbreet. De positiven Effet bei der ganzer Saach war, datt mer eis Kleng Moies schonns all mat Zäiten aus de Schlofsäck haten. Dat wor den éischte Camping, wou se all vum selwen opgesta sinn.

Et wor och séier e Numm fond fir eis Campplaz: d'Méckenduerf, well schonns no e puer Deeg konnte mer eis vu Mécke kaum méi retten.

Dono hu mer opgepasst, datt wa mer op e Campéng gaange sinn, mer ëmmer e puer Toiletten an der Géigend haten. Well mir hate jo eemol Léiergeld ginn, eng zweete Kéier wollte mer eis dat net méi undinn.

Mäi Bridderchen

Kennt Dir mäi Brudder net? Ma dann hutt Der ower eppes verpasst. Dat ass en Unikum. Hie kann engem schmeechelen, do géif esouguer den haartste Stee ganz weesch ginn. Ma e ka genau sou fresch an hondsgemeng ginn. Hie mengt et zwar ni schlecht, mee heiando passt en einfach net op, wat e seet. An dach ka keen him béis sinn, well mat engem Laachen am Gesiicht, dat esou séier keen him noméicht, versteet hien et, engem déi vu Roserei geluede Baken erëm falen ze loossen.

Hie kënnt ëmmer tiptop erausgefiizt do, d'Hoer gutt gejellt, et mengt een, en hätt e Kilo Frittefett verschafft, an ass éiweg op der Rull. Wann ech e froen: »Wou geess de hinn?« ass d'Äentwert: »An de Kino, eppes drénken, spadséieren, eppes iessen, an de Musée, op eng Party ...«

Hien huet ëmmer eppes ze dinn.

Natierlech kann ee sech virstellen, datt hien net eleng erausgeet. Neen et sinn d'Christine, d'Stéphanie, d'Vanessa, d'Véronique, d'Martine, d'Nadine, ... a wéi se all heeschen, déi hie begleeden. Ech weess net, wéivill Nimm ech mer schonns hu missen unhéieren, mee eppes sinn ech mer sécher, si all haten zwar e schéine mee sécherlech kee bëllegen Owend. Well datt mäi Brudder hinnen eppes géif zum Beschte ginn, dat gleewen ech ower nu wierklech net. Eischter ass et sou, datt si hien nach matduerchschleefen. Bei esou vill Fraleit mengt ee jo bal mäi Brudder misst sech net méi rette kënne vu Frëndinnen, mee nada. Hien ass nach ëmmer solo a meng Schwëster an ech, mir hunn näischt fir eis d'Meiler ze zerräissen. Obwuel – munchmol froen ech mech och, wéi hien eng Frëndin fanne sollt. Dëslescht huet e menger Mamm eent vu senge Komplimenter gemeet. Hie wollt hir ze verstoe ginn, datt hir Diät en Erfolleg wier a sot zu hir: »Ech fannen deng Diszipline dréit ower Friichten. Soss hunn ech gemengt de Buddha géif héchstperséinlech niewent mer sëtzen, an elo muss ech mat der Lupp nokucken fir dee Stréch, deens de nach bass, ze fannen.« Dir kënnt Iech virstellen, datt wann en de Meedercher och esou Komplimenter mécht, et kee Stéck ka ginn.

Ech kéint Iech nach honnert Geschichte vu mengem Brudder erzielen, e ganzt Buch voll. An dach kann een a Wierder net ausdrécken, wat de Witz vum alldeeglechen Liewen ausmécht. Am Beschten Dir kommt eng Kéier op Lëtzebuerg, an da kënnt och Dir eppes mat him ënnerhuelen. Mee vergiesst net, Geld anzestiechen, well deen Owend geet op är Käschten.

Lëtzebuerger Ausdréck

Et muss ee mat deene Päerd fueren, déi een huet!
Et muss ee mat deene Meedecher danzen, déi do sinn!
Man muss sich mit dem begnügen, was man hat!

Mat deem kann ee Päerd stielen!
Er ist sehr zuverlässig!

E steet mat de viischte Féiss am Trach!
Er isst wie ein Ferkel!

Et ass him net gebroden!
Das passt ihm nicht! Das gefällt ihm nicht!

De Mann huet méi Blouses wéi Brennes!
Er hat mehr Leid als Freude!

Elo ass d'Bëtschel fett!
Jetzt ist das Maß voll!

Hien ass net vun der Heck gepléckt!
Er ist nicht dumm!

Bass du dem Hennes (Dabo) aus der Hatt getrollt?
Bist du denn wirklich so dumm!

Hie geet mat den Hénger schlofen.
Er geht früh zu Bett.

E kuckt dra wéi e gestachene Bock.
Er schaut beleidigt, verärgert drein.

Ech hu Fräschen am Bauch!
Ich habe Blähungen – zu kalt oder zu viel getrunken.

Engem Bräi em de Mond schmieren.
Jemandem schmeicheln.

Ech weisen dir, wou de Bock d'Lach huet!
Ich zeige dir, wo's lang geht!

Lève le cul, den Aasch geet mat!
Beweg dich mal!

Wann d'Dommheet an d'Längt géing zéien, da kéints de aus dem Kierchekulang saufen!
Wanns de sou laang wiers, wéis de domm bass, da ...
Wann d'Dommheet Schockela wier, da géifs de Jaques heeschen!
Du bist aber wirklich ein Trottel!

Wanns de dat enger Geess an d'Ouer schëtts, da leeft se bis op Paräis (Schlutgen).

Dat do geet em, wéi der Kou de Suedel!
Das steht ihm überhaupt nicht.

Du schwätz Lëtzebuergesch, wéi eng Kou spuenesch!
Du beherrschst die luxemburgische Sprache nicht.

Bass de vun Dijon? Firwat? Wells de esou gemoschtert bass?
Du bist nicht ordentlich (passend) angezogen.

En ass vir bäi an hanne widder.
Mit dem Rücken zur Wand stehen

Kuff d'Schmull!
Halte den Mund!

Wann den Hond net geschass hätt, hätt en d'Kaz kritt!

›Hätten‹ an ›Haten‹ woren zee aarmer Staten.

Ech wëll ... Ech wëll ... . Déi Wëll lafen am Bësch!
Gëff mer ... Gëff mer ... . Hues de de Gëffmer Mëch net kannt?
Hien ass zu Paräis um Trottoir erhéngert.
Wou gees de? An de Bësch en Hond fänken. Geess de mat, dann dréits de d'Seel.
Wéini? Päifenneijoschdag, wann d'Vullen nei Schwänz kréien.
St. Nimmerleinstag

Wann d'Mäis sat sinn, gëtt d'Miel batter.
Behuel dech (Maach) ewéi d'Leit, dann ergeet et der wéi de Leit.

Schwäi si Schwäin, a wa se mam Zylinder am Bett leien.

Wien ze spéit kënnt, kritt de Wësch an d'Döppen.

Spuer der den Otem fir d'Zopp ze blosen.

Eng blann Sau kann och emol eng Eeschel fannen.

Den dommste Bauer kritt déi déckste Gromperen.

Engem Plakegen an d'Täsch ze gräifen ass onméiglech.

Eng Paschtoueschstrass gläicht engem neie Schong, duerch dee geet och kee Waasser.

Wien op d'Kiermes geet, verléiert seng Plaz.

Wien näischt mécht, dien näischt brécht.

Mësch dech an näischt, da kënns d'an näischt.

Déi gréisste Maul an dat klengste Gehir logéieren dack ënnert enger Stir.

E schwätzt vill, wann den Dag laang ass.

D'Leit hippe bei eiser Härgott a lafe bei der Däiwel.

Wann et dem Iesel ze gutt geet, da geet en op d'Äis danzen.
Dee mat den Honn schlofe geet, steet mat Fléi op.

Eiser Härgott huet allerlee Kaschtgänger, nure keng déi näischt iessen.

Et muss een et vun de Liewegen huelen, vun den Doudege kritt een näischt méi.

D'Gecke sinn och Leit, just keng wéi déi aner.

Nerven hunn ewéi getrëtzten Trammsschinnen.

Ech weess, wou d'Kromm an der Heck läit.

Eng Fra ass wéi eng Krawatt: fir d'éischt gefällt se der, an dann hues de se um Hals hänken.

Fraentréine sinn dat stäerkste Waasserkraaftwierk op der Welt.

Domm gebuer, näischt beigeléiert an de Recht vergiess.

Et gëtt een esou al wéi eng Kou, d'léiert een all Dag derzou.

Léier en alen Af keng Grimasse schneiden.

Wéini ass Mokuchsdag? Wann d'Schleeke bëselen.

Wie seele reit, deem bliedert den Hënner.

Bal ass nach keng Maus an der Fal.

Besser gutt gaang, ewéi schlecht gefuer.

Et gëtt näischt esou waarm giess, ewéi et gekacht gëtt.

E wëll mat de groussen Hënn pisse goen a kritt d'Been net an d'Luucht.

E kënnt vun do, wou d'Welt mat Brieder zougeneelt ass.

Dee vill freet, gëtt vill gewuer.

Et gi vill gedëlleg Schof an e Stall.

D'Stierwen ass näischt, ma deen aneren Dag bass de freckt ewéi en Hond.

D'Stierwen ass näischt, deen aneren Dag bass de dru gewinnt.

D'Stierwen ass näischt, wann der Doud net wier.

Zënter datt der Doud erfonnt ass, ass een dës Liewes net méi sécher.

Kaalwer déi gutt saufen, friessen net vill.

Här ass Här a Max a Max, a wat Här seet, muss Max man.

Wouvun d'Häerz voll ass, leeft de Mond iwwer.

De beschte Monni ass de Portmonni.

D'Geess hätt och gären e laange Schwanz gehat, ma si huet nëmmen en Deckel kritt.

Et kann een den Iesel un den Trach féieren, ma drénke muss e selwer.

Et kann dee Beschte net a Fridde liewen, wann et dem Noper net passt.

Eng Mamm kann 10 Kanner versuergen, awer 10 Kanner nach laang net ëmmer eng Mamm.

D'Zäit, d'Wieder, d'Fraen an d'Gléck, änneren all Abléck.

An engem Haus sollen net méi Frae sinn ewéi Bakuewelächer.

Gutt iessen an drénken hält Leif a Séil zesummen.

Den Appetit kënnt iwwert dem Iessen, den Duuscht vergeet iwwert dem Drénken.

Lëtzebuergesch Sprëchelcher fir Kanner

Klëmmt e Männchen
d'Leeder rop
wëllt en Apel plécken
bumsdesch fält him
een op d'Kopp
an nawell en décken.

Nana klengt Këndchen
Zocker an däi Mëndchen,
Liefkuch an deng Händchen
schlof mäi klenge Männchen.

Schlof Këndche schlof,
däi Pappa heemelt d'Schof,
deng Mama rëselt de Beemchen,
fällt erof en Dreemchen,
schlof Këndche schlof.

Juppel, juppel Päerdchen
zu der rouder Millchen,
Päerdchen huet e Fillchen (Fohlen),
Fillchen huet e wäisse Fleck,
et geheit den / d'… an den Dreck

An dieser Stelle möchte ich auch darauf hinweisen, dass es auch einige Bücher mit Sprichwörtern und Begriffen gibt, von denen ich hier nur zwei erwähnen möchte:

- 3500 Sprëch a Sprëchwierder an aner Wouréchten (Laure Wolter, 1994)
- Sprëchelcher a Geschichte fir nozedenken an ze schmunzen (Jeanine Theis-Kauth, 1997)

Typesch lëtzebuergesch Adjektiver

agefale Baken	*hohlwangig*
en äerdegt Kand	*ein fleißiges, aufgewecktes Kind*
en agebiltent Meedchen	*ein eingebildetes Mädchen*
eng bosseg Idee	*eine komische, witzige Idee*
dompegt Wieder	*schwüles Wetter*
eng gakeg Dänn	*eine lange und dünne Tanne*
eng goureg Fra	*eine magere Frau*
eng giedleg Portioun	*eine große Portion*
e gliddegt Eisen	*ein heißes Eisen*
eng houfreg Madame	*eine stolze Frau*
e kleespere Schaf	*ein zerbrechlicher Schrank*
e killt Gedrénks	*ein kühles Getränk*
e knéckegen Affekot	*ein geiziger Anwalt*
wootlecht Waasser	*lauwarmes Wasser*
e knubbelege Wee	*ein unebener Weg*
eng poulriicht Strooss	*eine kerzengerade Straße*
(poulriicht	*schnurstracks)*
e gezaaptene Béier	*Bier vom Fass*
e waak'rege Jong	*ein aufgeweckter Junge*
e grujhlegen Accident	*ein schrecklicher / furchtbarer Unfall*
e glotten Hond	*(verwöhnt im Essen)*
eng schro Affär	*eine schlimme Sache*
eng schappeg Prüfung	*eine schlechte Prüfung*
e queeschen Hond	*ein wütender / schlecht gelaunter Kerl (Hund)*
en driipsege Moler	*ein trübsinniger Maler (langsam sein)*
eng elle Wonn	*eine schlimme Wunde (hässlich)*
eng gelungen Idee	*eine komische Idee*
eng rompleg Haut	*eine faltige Haut*
e verschotert Déier	*ein verängstigtes Tier*
eng geckeg Party	*eine verrückte Party*
e géie Bierg	*ein steiler Berg*
e glëtschege Wee	*ein rutschiger Weg*

E grujhlegen Accident!

BOUF

e granzege Proff	*ein schlechtgelaunter Lehrer*
en has'lege Bouf	*(etwas zu schnell tun)*
e gormanzegt Kand	*(nie genug bekommen, alles schnell in sich hineinstopfen)*
e krappege Bam	*ein mickriger Baum*
eng deierlich Minn	*eine armselige Miene (Beispiel: wenn man krank ist)*
e kridd'legen Hond	*(anspruchsvoll sein)*
e labbert Briet	*ein loses Brett*
e luussege Bouf	*ein (hinter)listiger Junge*
e mocklegt Framënsch	*eine mollige Frau*
eng fläemseg Minn	*eine gelangweilte Miene*
e muedebëtzegen Apel	*ein wurmstichiger Apfel*
en ondugene Schüler	*ein ungezogener Schüler*
eng däreg Heck	*eine dornige Hecke*
eng penibel Affär	*eine unangenehme Sache*
e plakegt Meedchen	*ein nacktes Mädchen*
e rabbelegen Auto	*ein klapperndes Auto*
e schëtzegen Tempo	*ein schnelles Tempo*
eng schlamm Geess	*eine hinkende Ziege*
e schneekegt Kand	*ein Kind, das Süßigkeiten mag*
eng schro Krankheet	*eine schlimme Krankheit*
eng stauteg Joffer	*eine launige Lehrerin*
e stënterlechen Doud	*ein stündlicher Tod*
e sturazege Charakter	*ein sturer Charakter*
en tockege Mënsch	*ein sturer Mensch*
en topege Kärel	*ein dummer Kerl*
e wéischt Béischt	*ein böses Tier*
e wëllene Pullover	*ein Wollpullover*
e wibblege Baby	*ein unruhiges/zappliges Kleinkind*
eng wieleg Blumm	*eine verwelkte Blume*
eng zerguttstert Portioun	*eine ordentliche Portion*
e knadderege Pätter	*ein mürrischer, alter Mann*
genéiert sinn	*beschämt sein*
flang an d'Mëtt	*geradewegs in die Mitte*
waakreg sinn	*wach sein*

Traditionen in Luxemburg

Hier soll ein kurzer Überblick über die verschiedenen luxemburgischen Traditionen gegeben werden. Es wird weder der Anspruch auf Vollständigkeit erhoben, noch soll hier geschichtlich die Entwicklung der jeweiligen Tradition erörtert werden. Den jeweiligen regionalen Traditionen konnte nicht immer Rechnung getragen werden.

Erwähnen möchte ich jedoch, dass es den Luxemburgern gelungen ist eine Reihe von Traditionen schon seit Jahrhunderten aufrecht zu erhalten, dies obwohl unser Land viele Menschen mit fremden Kulturen und Gebräuchen beherbergt.

Januar

Am 6. Januar wird **›Dräikinneksdag‹** gefeiert Dann wird ein ›Dräikinnekskuch‹ gekauft und jeder isst ein Stück. Wer die Bohne (heute meistens eine Miniplastikfigur) in seinem Stück findet, der ist nun der König und darf sich die Krone aufsetzen.

Februar

Am 2. Februar feiern die Kinder **Liichtmëssdag**. An diesem Tag ziehen sie mit ihren ›Liichtebengelcher‹ (Lampions) durch die Straßen und singen den ›Léiwer Härgottsblieschen‹*. Nachdem sie das Lied gesungen haben, schenken die Leute ihnen Süßigkeiten, Obst oder Geld. So ziehen die Kinder dann von Haus zu Haus weiter. Es handelt sich hierbei ursprünglich um ein keltisches Fest, das unter anderem das Frühjahr ankündigte und an dem nun traditionsgemäß auch die letzten Weihnachtsbäume und Krippen weggeräumt werden.

* *Léiwer Härgottsblieschen, gëff ons Speck an Ierbëssen,*
ee Pond, zwee Pond, dat anert Joer da gitt der gesond, da gitt der gesond.
Looss déi jonk Leit liewen an déi all Leit stierwen (haut derniewent).
Komm der net bal, d'Féiss ginn ons kal,
Komm der net geschwënn, d'Féiss ginn ons dënn,
Komm der net gewëss, kritt der e Schouss voll Nëss.

Fastnacht wird auch in Luxemburg gefeiert. Die **›Kavalkaden‹** (Fastnachtsumzüge) haben wir zum Teil von den Deutschen übernommen, doch sind vor allem Tanzveranstaltungen (Bal) in diesen Wochen angesagt. Die Karnevalszeit beginnt in Luxemburg erst an Weiberfastnacht (Fetten Donneschten), doch während in Deutschland am Aschermittwoch alles vorbei sein soll, wird in Luxemburg noch bis ›Halleffaaschten‹ weitergefeiert. Dann wird noch einmal so richtig auf den Putz gehauen. Während der ganzen Zeit werden fleißig ›Fuesendskichelcher‹ (Nonnefäscht, Verwurrelter, Maisecher) gebacken und verzehrt.

Am Sonntag nach Aschermittwoch ist der **›Buergsonndeg‹** (Buergbrennen). An diesem Tag werden im ganzen Land die sogenannten Burgen – meistens einige Meter hohe Kreuze oder Türme aus Holz und Stroh – in Brand gesteckt. Hiermit wird dann – nach altem, heidnischem Brauch – der Winter verbrannt. (An einigen Orten entlang der Mosel werden auch Strohpuppen verbrannt und ins Wasser geworfen.)

Februar, März

Genau in der Mitte der Fastenzeit liegt also der Sonntag **›Halleffaaschten‹** auch noch **›Bräetzelssonndeg‹** genannt. Ein alter Brauch will, dass an diesem Tag Bretzeln (süß) verschenkt werden.

Eigentlich war es so, dass der Verliebte seiner Geliebten eine ›Bratzel‹ schenkte. Schenkte sie ihm ein Osterei zurück, so wusste er, dass sie ihn auch liebte. Bekam er kein Ei, so musste er wohl oder übel nach einer anderen Ausschau halten. In Schaltjahren ist es jedoch umgekehrt, dann schenkt das Mädchen dem Jungen die Bratzel und der Junge vielleicht das Ei.

Abrëll

Wenn am Donnerstag vor Ostern die Kirchenglocken zur Beichte nach Rom pilgern, dann ist es an der Zeit die Jarren vom Dachboden zu holen. Die **›Klibberzäit‹** beginnt am Gründonnerstag und dauert bis zum Gloria der Ostermesse. Drei Mal am Tag ziehen die Jugendlichen und Kinder mit ihren Jarren durchs Dorf (Morgen-,

Mittag-, Abendgeläut, und natürlich zum Kreuzweg und der Ostermesse). Am Ostersamstag ziehen sie ihren geschmückten Handwagen durch die Straßen und ›fordern ihren Lohn‹ für die ›Klibberzäit‹. Die Klibberjongen bekommen dann Ostereier, Süßigkeiten und Geld.

Ostermontag findet in der Stadt Luxemburg die **›Emaischen‹** statt. Dies ist eine sehr alte Tradition. Ursprünglich handelte es sich um einen Handwerkermarkt, auf dem vor allem Töpferwaren angeboten wurden. Symbol dieses Marktes ist der ›Péckvillchen‹, der jedes Jahr anders aussieht und zu einem begehrten Sammlerobjekt geworden ist, genauso wie die ›Taken‹, die früher jedes Jahr herausgegeben wurden. Zeitgleich gibt es einen ähnlichen Markt in Nouspelt, der sich einer immer größeren Beliebtheit erfreut.

Wer morgens einen Abstecher zur Emaischen macht, kann anschließend noch die ›Nouspelter Aulebäcker‹ besuchen.

Luxemburger Gnadenbild

Mee

Wie in anderen Ländern auch ist der 1. Mai ein Feiertag, der Tag der Arbeit. An diesem Tag zieht es viele Luxemburger Vereine in den Wald, wo aus dem ersten grünen Laub ein Maikranz geflochten wird, der dann in einem kleinen Umzug bis zum Vereinslokal getragen und dort über die Tür gehängt wird.

Die **Oktave** beginnt drei Wochen nach Ostern und ist eine der wichtigsten religiösen Manifestationen Luxemburgs. Die Wallfahrt zur Muttergottes, der Trösterin der Betrübten, ist ein fester Bestandteil des religiösen und gesellschaftlichen Lebens geworden.

1636, in einer Zeit als die Pest wütet, Hunger und Not ihr Unwesen treiben, wünscht sich das Volk, der Mutter Gottes geweiht zu werden, denn schließlich hatte sie Jahre vorher schon Pater Brocquart von der Pest geheilt, woraufhin der eine alljährliche Wallfahrt zu ihrem Bild organisierte. So weiht man die Stadt also der Mutter Gottes und übergibt ihr die Stadtschlüssel, zwei Jahre später wird das erste Mirakelbuch angelegt und die erste Dankoktave organisiert, um sich für die vielen kleinen und großen Wunder zu bedanken. 1666 wird Maria zur Landespatronin erwählt und im

Jahre 1679 wird das Einsetzungsdekret der Oktave aufgesetzt.

Die Oktave findet heute während zwei Wochen statt. Sie beginnt am Samstag mit einer feierlichen Eröffnungszeremonie. Während der Nacht pilgern dann Tausende von Jugendlichen zu Fuß in die Stadt Luxemburg zum Gnadenbild und feiern einen Jugendgottesdienst. Jedes Jahr gibt es einen ›Oktaveprediger‹, der vom Erzbischof ernannt wird und der während der täglichen Mittagsandacht predigt. Jeden Tag pilgern Pfarreien aus dem In- und Ausland (nach einer festgelegten Ordnung), Organisationen, Berufsgruppen, Schulen,... in die Kathedrale. Parallel dazu findet auf dem ›Knuedler‹ ›de Määertchen‹ statt. Hier gibt es vor allem etwas zu essen, aber auch Straßenhändler und Spiele für die Kleinen sind vorhanden. Daneben findet auch der ›Missiounsbazar‹ und die ›Bicherausstellong‹ statt.

Tradition ist es auch, dass die großherzogliche Familie sich mehrmals an dieser religiösen Veranstaltung beteiligt. Am letzten Tag der Okave, anlässlich der ›Schlussprossessioun‹ – bei der die Statue der Mutter Gottes durch die Straßen der Oberstadt getragen wird und an der alle katholischen Vereine und viele Gläubige teilnehmen – ziehen auch sie betend mit durch die Straßen, während Tausende von Schaulustigen am Straßenrand stehen. Die Verehrung der Trösterin der Betrübten ist den meisten Gläubigen sehr tief ins Herz gedrungen.

Im Mai findet eine weitere religiöse Veranstaltung statt, die das Land prägt. In Erinnerung an die Erscheinung der Mutter Gottes von Fatima pilgern die portugiesischen Mitbürger jedes Jahr an Christi Himmelfahrt zum **Fatimabild in Wiltz**. Fast 20.000 Menschen verbringen zusammen einen Tag im Gebet und geselligen Zusammensein. Viele fahren dorthin, weil sie an diesem Tag Freunde und Bekannte wiedersehen, die sie schon lange nicht mehr getroffen haben. Es handelt sich hierbei zwar nicht um eine luxemburgische Tradition, doch belegt diese Manifestation einen festen Platz im Kalender und prägt das religiöse Leben in Luxemburg.

Juni

Pfingstsamstag findet in Ettelbrück **›den ale Maart‹** statt, ein historischer Vieh-, Floh- und Kunstmarkt.

Das **›Gënzefest‹** in Wiltz soll den Frühling begrüßen und findet an Pfingstmontag statt. In einem Umzug, bestehend aus Schauwagen, Musik- und Tanzgruppen ziehen die Vereine durch die Straßen.

Die **Springprozession** an Pfingstdienstag ist die zweite große religiöse Manifestation in Luxemburg. Der heilige Willibrord, zu dem an diesem Tag mehrere tausend Menschen pilgern, ist so etwas wie der zweite Schutzpatron des Landes geworden. Viele Pilger aus dem Ausland beteiligen sich an dieser Manifestation.

Der Brauch zu Ehren des heiligen Willibrords zu springen hat eine jahrhundertalte Tradition, die schon um 1500 rechtlich verankert ist. Das sogenannte Springen durch die Straßen Echternachs sollte früher Krankheit und Pest fernhalten. Das Springen wurde als Heiltanz angesehen.

Die religiöse Bedeutung dieser Veranstaltung ist für viele verloren gegangen, geblieben ist ein Stück Folklore. Die Springprozession wurde mehrmals verboten:
So im 18. und 19. Jahrhundert durch die kirchlichen und staatlichen Autoritäten, im 20. Jahrhundert von den Nazis.

Echternacher Springprozession

Mammendag:
Zweiter Sonntag im Juni.

August

Ein alter Brauch ist das Zusammenstellen des **›Wëschs‹** zu Mariahimmelfahrt (Krautwëschdag, Léiffrawëschdag). Der Wësch besteht aus verschiedenen Kräutern, Getreide und Gemüse. Dieser wird gesegnet und auf dem Dachboden aufgehängt, um so das Haus vor Feuer und anderen Katastrophen zu schützen. Das Gemüse jedoch soll in einer Suppe mitverarbeitet werden.

In einer längeren Ausführung werde ich noch auf die **›Schueberfouer‹** eingehen.

Hierscht (Oktober)

Der **›Nëssmoart‹** findet unter anderem in Vianden statt. Hier entdeckt man alles, was aus Nüssen hergestellt werden kann (Schnaps, Kuchen, …)

In vielen Gegenden finden nun die **›Quetschefester‹** statt, hier werden Produkte aus Zwetschgen verkauft. An der Mosel finden dann auch die Weinfeste statt, mit der Wahl der Weinkönigin, …

Oktober

In diesem Monat wird die **›Journée de Commémoration‹** gefeiert, der nationale Gedenktag an alle, die für das Vaterland gestorben sind.

Pappendag:
den éischte Sonndeg am Oktober, *erster Sonntag im Oktober*

Dezember

Am 4. ist **›Bäerbelendag‹**, der Tag der Schutzpatronin der Grubenarbeiter. Obwohl heute nicht mehr in den Gruben gearbeitet wird, feiern ehemalige Arbeiter und ihre Nachkommen diesen Tag immer noch (so bei der ›Léifffräschen‹ – Kayl und andere Gegenden der Minettmetropole).

Am 6. Dezember hält es kein Kind in Luxemburg lange Zeit im Bett, denn schließlich möchte man wissen, was St. Nikolaus den artigen Kindern gebracht hat. Der **›Niklosdag‹** wird in Luxemburg gebührend gefeiert: die Grundschulkinder haben schulfrei und von den Geschenken her gesehen, ist dieser Tag wichtiger als die Weihnachtsbescherung, dann gibt es eher eine Kleinigkeit.

Die Schueberfouer

Die Schueberfouer ist eine der ältesten und lebendigsten Traditionen Luxemburgs. Sie ist, so könnte man sagen, ein Stück der Luxemburger Volksseele geworden. Es war im Jahre 1340 (20. Oktober) als Johann der Blinde, Graf von Luxemburg und König von Böhmen die ›Schueberfouer‹ als einen achttägigen Markt gründete.

Woher stammt der Name?
Man hat immer wieder versucht den Begriff zu deuten, indem man meinte es könnte eine ›schadbare Messe‹ sein oder eine Messe, bei der die Händler viel Schaden hätten, oder aber sie habe ihren Namen daher, dass während der Marktveranstaltung der Schober schon auf den Feldern stand. Doch stimmen alle diese Deutungen wahrscheinlich nicht. Man hat sich neuerdings darauf geeinigt, dass die Messe ihren Namen von dem Ort haben müsse, an dem sie stattfand ›Scadeburg‹. Durch die Sprachentwicklung hat sich der Name dann zu dem heutigen Begriff ›Schueberfouer‹ entwickelt. Heute findet der Jahmarkt auf dem Glacisfeld (Limpertsberg) statt.

Warum eine solche Messe?
Die Schobermesse hatte damals für das städtische und regionale Wirtschaftsleben eine große Bedeutung. Hier versammelten sich auch auswärtige Händler um ihre Ware zu verkaufen. So konnte man dort Produkte kaufen, die in unseren Gegenden kaum bekannt waren. Den einheimischen Händlern erlaubte dieser Markt ihre eigene Produktion auch an auswärtige Besucher und Händler zu verkaufen und somit ihren Umsatz zu steigern. Vor allem das Woll- und Tuchgewerbe florierten im Mittelalter, aber auch der

Handel mit fremden Gewürzen bot eine sichere Einnahmequelle. Für auswärtige Händler waren diese Handelsreisen jedoch mit erheblichen Gefahren verbunden (z. B. Räuber.) Darum sicherte Johann der Blinde den Kaufleuten seinen Schutz auf ihrer Reise zu, um sie so von einer Reise nach Luxemburg zu überzeugen. Natürlich erhoffte er sich von diesem Markt einen wirtschaftlichen Aufschwung der Region, der sich dann in erhöhten Steuereinahmen bemerkbar machen sollte.

Heute ist die ›Schueberfouer‹ zu einer Tradition geworden, die niemand missen möchte und anlässlich der man sich gut amüsieren und die Sorgen des Alltages etwas vergessen kann.

Die Wandlungen der Schueberfouer

Im Laufe der Zeit hat sich der Handelscharakter zu Gunsten eines Spiel- und Vergnügungsfestes verschoben. Während es in den ersten Jahrhunderten vor allem Vertreter der Wollweberzunft waren, die ihre Ware auf dem Markt anboten, kamen nach und nach immer mehr Vertreter anderer Handwerksberufe hinzu, bis in der ersten Hälfte des 18. Jahrhunderts die ersten Schaubunden sich ihren Platz eroberten (Beispiel: eine Eingeborene der Insel Antigua, eine Urbewohnerin Australiens aus Neu-Guinea). Das Schauspielgeschäft begann zu florieren und mit der Weiterentwicklung der Technik bekam die ›Schueberfouer‹ ein gänzlich neues Gesicht. Zwar boten anfangs die Echternacher und Nospelter Töpfer noch ihre Waren an, doch wurden sie immer mehr und mehr verdrängt. Dafür kamen jedoch neue Verkaufsstände: Stahlwaren, Kleider, Spielwaren, ...

Heute sind es immer technisch raffiniertere Spiele, die versuchen dem Publikum das Geld aus der Tasche zu locken. Das Variété von früher gibt es fast nicht mehr, die Gemütlichkeit von damals ist auch verloren gegangen und die Hektik und Schnelllebigkeit unserer Alltagswelt hat auch diesen Jahrmarkt erobert. Doch hat die ›Schueberfouer‹ dadurch nicht an Attraktivität verloren. Der jährliche Besuch gehört schon fast zum Pflichtprogramm eines jeden Luxemburgers. Dabei ist es eine gute alte Tradition einen gebackenen Fisch zu essen.

Museen und Attraktionen in Luxemburg – Auswahl

** Bei Telefonaten aus dem Ausland muss zuerst die **0 03 52** gewählt werden!*

Luxemburg

- Nationalmuseum für Kunst und Geschichte am Fischmarkt
  *www.mnha.lu, Tel.: 47 93 30-1**
- Casino Luxembourg (Forum für zeitgenössische Kunst)
  *www.casino-luxembourg.lu, Tel.: 22 50 45**
- Museum für Kunst der Stadt Luxemburg, Villa Vauban
  *www.villavauban.lu, Tel.: 47 96 - 49 00**
- Städtisches Geschichtsmuseum in der Rue du St. Esprit
  *www.musee-hist.lu, Tel.: 47 96 - 45 00**
- Kunstgalerie ›Am Tunnel‹ (1 Place de Metz)
  *Tel.: 40 15 - 24 50**
- Natur Musée im Grund
  *www.mnhn.lu, Tel.: 46 22 40-300**
- Musée de Tramways et de bus in der rue de Bouillon in Hollerich
  *www.rail.lu, Tel.: 47 96 - 23 85 **
- Luxembourg City Tourist Office
  *www.lcto.lu, Tel.: 22 28 09**
  Kasematten, Besichtigungen, ...
- Petrus-Express (Zichelchen) ›Straßenzug‹ durch die Altstadt
  *Tel.: 23 62 61**
- Coque – nationales Sport und Kulturzentrum
  *www.coque.lu, Tel.: 43 60 60 - 222**

Bech-Kleinmacher

Wein und Fokloremuseum ›A Possen‹,
*www.musee-possen.lu, Tel.: 23 69 82 33**

Beefort

mittelalterliche Burg, *Tel.: 83 60 02**

Bettemburg

Märchenpark, *www.parc-merveilleux.lu, Tel.: 51 10 48 - 1**

** Bei Telefonaten aus dem Ausland muss zuerst die **0 03 52** gewählt werden!*

Binsfeld

Landesmuseum ›A Schwiewesch‹, *Tel.: 97 98 20**

Bourglinster

- Schloss, *www.bourglinster.lu, Tel.: 78 78 78-1**
- Musikfestival

Clerf

- Schloss: Fotoausstellung ›The Family of Man‹ von Edward Steichen, *www.family-of-man.public.lu, Tel.: 92 96 57**
- weitere Ausstellungen: Burgenmodelle, Ardennerschlacht
- Benediktiner Abtei
- Spielzeugmuseum in der Fußgängerzone, *Tel.: 92 11 05**

Diekirch

Nationales Museum für Militärgeschichte
*www.nat-military-museum.lu, Tel.: 80 89 08**

Düdlingen

Nationalmuseum für Ein- und Auswanderung, Lokalmuseum
*www. migcendo.lu, Tel.: 51 69 85-5**

Echternach

- Abteimuseum und Basilika, *www.willibrord.lu, Tel.: 72 01 49**
- Museum der Vorgeschichte
  *www.echternach-tourist.lu, Tel.: 72 02 30**
- Musikfestival

Ehnen

Weinbaumuseum, *Tel.: 76 00 26**

Esch-Alzette

- Nationales Resistenzmuseum (Place du brill), *Tel.: 54 84 72**
- Wildgehege auf dem ›Galgebierg‹, *www.esch-city.lu*

Esch-Sauer

- Maison du Parc (route de Lultzhausen): Dauerausstellung Naturpark Obersauer
  *www.naturpark-sure.lu, Tel.: 89 93 31 - 1**
- alte Tuchfabrik

Ettelbrück
General Patton Memorial Museum
*www.patton.lu, Tel.: 81 03 22**

Fels
Burg, *Tel.: 72 04 57**

Fond-de-Gras
Fahrt mit dem Dampfzug (train 1900)
*www.train1900.lu, Tel.: 26 50 41 24 oder 50 94 85**

Grevenmacher
- Schmetterlingsgarten, *www.papillons.lu, Tel.: 75 85 39**
- Druckereimuseum, *Tel.: 26 74 64 - 1**

Nouspelt
Töpfereimuseum, *Tel.: 30 03 07**

Rosport
Tudor Museum, *www.musee-tudor.lu, Tel.: 73 00 66 -206*

Rümelingen
Nationales Grubenmuseum, *www.mnm.lu, Tel.: 56 56 88**

Stolzemburg
Kupfergrubenmuseum, *www.stolzembourg.lu, Tel.: 84 91 46**

Vianden
- Schloss, *www.castle-vianden.lu, Tel.: 83 41 08-1**
- Victor-Hugo-Haus, *victor-hugo.lu, Tel.: 26 87 40 88**
- Besucherstollen der SEO
  *www.tourist-info-vianden.lu, Tel.: 83 42 57-1**
- Karikaturen- Cartoonmuseum
  *www.caricature.eu, Tel.: 6 21 28 37 90**

Wiltz
- Nationales Braukunst Museum, *Tel.: 95 74 44**
- Museum der Ardennerschlacht, *Tel.: 26 95 00 32**
- Musikfestival

Figurengruppe am ›Place du Theatre‹ in der Stadt Luxemburg

Lernmaterial und Adressen

a) Lehr- und Lernbücher

Leider gibt es keine Lehrbücher, die auf Luxemburgischlerner aus deutschsprachigen Gebieten abgestimmt wären. Eine Reihe von Lehrwerken, die vom luxemburgischen Unterrichtsministerium veröffentlicht wurden dienen als Unterrichtsmaterial in den Schulen oder am Centre de langues. Dazu gibt es mittlerweile eine Fülle von weiteren Büchern, die man sich am besten in Luxemburg an Ort und Stelle in einer Bücherei ansieht.

b) Wörterbücher

Auch hier gibt es mittlerweile unzählige Bücher. Interessant wären für deutschsprachige Lerner: „Deutsch-Luxemburgisches Wörterbuch", „Meng éischt dausend Wierder", „9000 Wierder op Lëtzebuergesch". Weitere Wörterbücher findet man in jeder guten Bücherei.

Einziges Problem bei Büchern von luxemburgischen Verlagen ist, dass sie leider nur sehr schwierig über den deutschen Buchhandel erhältlich sind und man sie am besten sofort beim Verlag bestellt. (Verlagsprogramme: siehe Verlagshäuser in Luxemburg)

c) Lesebücher und Filme

In letzter Zeit sind viele Bücher in luxemburgischer Sprache erschienen, dies sowohl für Kinder als auch für Erwachsene, so dass es unmöglich ist hier welche zu nennen, ohne jemanden zu vergessen.

Die Filmproduktion hat in den letzten Jahren in Luxemburg stark zugenommen. Es erscheinen auch viele Filme in luxemburgischer Sprache.

Des Weiteren gibt es viele Dokumentationen über Luxemburg und seine Traditionen.
Weitere Informationen erhält man an folgender Adresse:
*Centre national de l'audiovisuel CNA – 1b, rue de Centenaire, L-3475 Dudelange, www.cna.public.lu, info@cna.etat.lu, Tel.: 52 24 24 - 1**

d) Hörmaterial

Es gibt im Augenblick sehr viel Hörmaterial in luxemburgischer Sprache. Einerseits hat man die Märchen, Geschichten oder Lieder für Kinder, andererseits die Stimmungslieder, Volkslieder, Anekdoten oder Geschichten für Erwachsene.

e) Wichtige Adressen

- Actioun Lëtzebuergesch – *2, Sosthène Weis Strooss L-2722 Luxembourg, www.actioun-letzebuergesch.lu, Tel.: 47 06 12**
- Ministère de l'Éducation nationale et de la Formation professionnelle – 29, rue Aldringen, L-1118 Luxembourg, *www.men.public.lu, Tel.: 24 78 51 00**
- Institut national des langues (INL) – *21, boulevard de la Foire, L-1528 Luxembourg, www.insl.lu, Tel.: 26 44 30 - 361**
- Bibliothèque Nationale – *37, 37, boulevard F.D. Roosevelt, L-2450 Luxembourg, www.bnl.public.lu, Tel.: 22 97 55-1**
- Centre National de Littérature – *2 rue Emmanuel Servais, L-7565 Mersch, www.cnl.public.lu, Tel.: 32 69 55 - 1**

** Bei Telefonaten aus dem Ausland muss zuerst die* ***0 03 52*** *gewählt werden!*

f) Verlagshäuser in Luxemburg

Auch hier sei erwähnt, dass nicht alle aufgezählt werden können. Die Auswahl ist willkürlich, berücksichtigt aber auf jeden Fall die wichtigsten Verlagshäuser.

- Editions Phi – *51, rue Emile Mark, Differdange, L-4620 Luxembourg, www.editionsphi.lu, Tel.: 44 44 33-1**
- Op der Lay (sàrl) – *19, rue d'Eschdorf, L-9650 Esch-Sauer Tel.: 83 97 42**

- Editions St. Paul – *11, rue du Fort Bourbon, Luxembourg, www.editions.lu, Tel.: 4993-275**
- Editions Revue SA – *2, rue Dicks, L-1417 Luxembourg, www.revue.lu, Tel.: 498181-1**
- Editions Binsfeld – *14, pl. du Parc, L-2313 Luxembourg, www.editionsguybinsfeld.lu, Tel.: 496868-1**
- Editions Schortgen – *108, rue de l'Alzette, L-4010 Esch-sur-Alzette, www.editions-schortgen.lu, Tel.: 546487**
- Editions Ultimomondo 35 – *rue de Dondelange, L-8391 Nospelt, www.umo.lu, Tel: 308701*
- Editions Passerelle – *14 Rue André Duchscher, L-1424 Luxembourg, Tel.: 48 06 91**
- Editions Jeanny Friederich-Schmit – *13, Rond Point Hurkes, L-7591 Beringen/Mersch, Tel.: 329407, www.language.lu*

** Bei Telefonaten aus dem Ausland muss zuerst die **0 0352** gewählt werden!*